Gründ

Légendes du Soleil, de la Lune et des Étoiles

Légendes du Soleil, de la Lune et des Étoiles

racontées par Jiří Šerých

illustrées par Jan Kudláček

Gründ — Paris

Traduction de Ivana Segers
Arrangement graphique par Aleš Krejča

ISBN 2-7000-0211-3
Sixième tirage 1985
Imprimé en Tchécoslovaquie
1/02/02/53-06
Loi n° 49-956 du 16 juillet 1949
sur les publications destinées à la jeunesse

Table

Le ciel à la fois si éloigné et si proche de nous

Dans ces temps anciens, où l'homme commença à créer les premières légendes, celles-ci ne reflétèrent pas seulement son émerveillement devant l'univers, mais aussi son désir de pénétrer son mystère. Et les secrets abondaient partout dans cette nature qui entourait l'homme: dans les profondeurs des lacs et dans le murmure des arbres, dans le hurlement des bêtes féroces et dans le gazouillis des ruisseaux. Aucun phénomène naturel n'échappa à la curiosité des hommes.

Le ciel est un de ces grands mystères qui n'ont jamais cessé d'éveiller l'imagination de l'homme. Le soleil brûlant, la pâle lueur de la lune et l'univers lointain des astres ne pouvaient que se lier dans l'esprit des hommes à l'existence d'êtres surnaturels. Les divinités qui régnaient et gouvernaient toute cette immensité céleste et qui vivaient si loin de l'homme étaient considérées comme les plus puissantes — pour la simple raison qu'elles évoluaient hors de portée des possibilités humaines.

Tout phénomène céleste qui attirait l'attention de l'homme fut développé dans des récits captivants qui étaient souvent devenus inséparables des croyances. L'homme se préoccupait surtout des éternels vagabonds célestes; le soleil, partout où il apparaissait, faisait naître la vie de ses chauds rayons, et la lune, errant à travers les ténèbres nocturnes, passait pour une rusée. Les gens observaient le ciel si attentivement et si souvent qu'ils finirent par découvrir une certaine régularité dans son évolution. Et, bientôt, beaucoup de nouvelles légendes eurent pour sujet l'alternance répétée de la nuit et du jour, les métamorphoses de la lune, la succession des saisons de l'année. L'homme découvrit la notion de temps que l'horloge céleste lui indiquait infailliblement.

A la différence du soleil et de la lune, avec beaucoup moins de régularité, des hôtes célestes faisaient leur apparition dans le bleu du ciel: beaux ou terribles, silencieux ou turbulents, déchaînés ou paisibles. L'arc-en-ciel dressait à travers la coupole céleste son pont aux couleurs bigarrées, le gel opiniâtre venait y faire ses tours de magie en transformant les gouttes de pluie en blanc duvet, le vent omniprésent y pourchassait les barques de nuages, derrière lesquelles menaçait l'éclair. Et le mythe du feu, auprès duquel personne n'a pu encore se chauffer, est l'écho lointain de ce moment inoubliable où dans le grondement du tonnerre un arbre s'embrasa dans de grandes flammes.

Les images qui témoignaient de la vie des habitants des forêts, des côtes des océans, des steppes, et des montagnes, et qui étaient gravées sur les rocs, le bois, les os, ou peintes sur les murs des cavernes et huttes n'étaient rien à côté des tableaux sur l'immense voûte céleste. Les petites constellations en perpétuelle métamorphose ne cessaient d'exciter l'imagination des conteurs. Ainsi les hommes peuplèrent le firmament étoilé de dragons, de cerfs, de serpents, mais aussi d'intrépides héros, ils y élevèrent aussi leurs objets sacrés. Bien que les différents tribus et peuples du monde entier vissent dans ce gigantesque livre céleste des héros souvent très différents, ils avaient tous un point commun: le désir de s'élever dans le ciel pour mieux le découvrir.

Peu importe que ces voyageurs y avaient accédé d'une manière bien différente que vous ne le ferez un jour. Pour toujours le ciel restera lié à la terre par les chemins qu'ils ont gravis; aussi vous-mêmes, vous pouvez faire une excursion dans l'univers inconnu des étoiles, grâce aux frêles fils d'araignée, aux cordes solides et aux ailes des légendes. Et vous allez les comprendre d'autant mieux que depuis ces temps anciens, les étoiles sont demeurées les mêmes et qu'on peut les observer et les admirer toujours de la même façon.

Le Soleil

«Sitôt tu es levé dans l'horizon oriental,
Que tu emplis chaque pays de ta perfection,
Tu es beau, grand, brillant, élevé au-dessus de tout l'univers,
Tes rayons entourent les pays jusqu'à
L'extrémité de tout ce que tu as créé.»

Pharaon Akhenaton

Le forgeron céleste et l'aède

Profond et sombre s'étendait le firmament et à l'infini l'espace céleste. Wanna issa, l'Ancien, habitait ce ciel. Mais il n'y était pas tout seul. Avec lui vivaient dans les hauteurs nuageuses deux frères — les héros Wäjnämöjne et Ilmarine. Ils étaient tous deux sages et adroits; d'ailleurs, Wanna issa ne pouvait se passer de leurs conseils et de leur aide. L'aîné Wäjnämöjne était doué d'un chant merveilleux, et Ilmarine, lui, savait donner à tout ce qui lui passait dans les mains, une forme parfaite — il excellait dans tous les arts et métiers manuels.

Un jour, les deux héros vinrent rejoindre l'Ancien, pour lui parler, mais celui-ci, perdu dans ses pensées, ne les avait même pas entendus. Son regard fixait les ténèbres infinies, comme s'il y distinguait quelque chose. Enfin, il parla et dit:

— Le temps est venu de créer le monde!

Wäjnämöjne et Ilmarine échangèrent d'abord un regard étonné, puis leurs yeux se portèrent vers l'Ancien:

— Tu es sage, ô Wanna issa, et le dessein que ton imagination vient de concevoir est à la hauteur de ta puissance. Créer le monde... Mais comment?

L'Ancien ne daigna pas leur expliquer quoi que ce soit, et il profita même du sommeil des deux héros pour créer le monde. Lorsque les frères s'éveillèrent, loin au-dessous d'eux, dans l'obscurité profonde voguait déjà la Terre.

— Eh bien, mon ouvrage achevé, je vais me reposer maintenant, à mon tour. Pendant ce temps, surveillez bien mon Monde!

Puis il s'allongea, et, les bras croisés sous la tête, il s'endormit, satisfait.

Alors les deux frères se mirent à veiller sur le monde, créé par l'Ancien, tout en le contemplant attentivement. Mais que pouvaient-ils voir au juste? La Terre était déserte, et enveloppée par la nuit éternelle.

Les bras pliés, ramenés dans le dos, la tête baissée, Ilmarine faisait impatiemment les cent pas dans le ciel, en lançant de temps à autre un coup d'œil sur la Terre hostile, créée par l'Ancien. Tout à coup, ne se retenant plus, il bondit vers sa forge, y jeta un énorme morceau de fer et se mit en devoir d'attiser le feu avec un soufflet. Wäjnämöjne ne dit mot. Tout en observant le travail de son frère, il hochait la tête d'un air grave. La chaleur de la forge teinta de rouge son visage et dans ses yeux voltigeaient les reflets d'or des flammes.

Le métal fut enfin chauffé à blanc: Ilmarine le mit sur l'enclume et commença à le battre avec un lourd marteau. Longtemps sonna le marteau dans la forge du héros. Petit à petit, le métal prenait la forme d'un arc puissant, dont les deux extrémités se perdaient dans l'infini. Alors Ilmarine rejeta le marteau. Il attendit un moment que l'arc refroidisse, puis de ses bras puissants, il le souleva au-dessus de sa tête, et il le descendit au-dessus de la Terre. Une voûte gigantesque se déploya au-dessus d'elle, pour l'instant vide et inutile. Malgré les gouttelettes de sueur qui ruisselaient sur son visage, Ilmarine s'empara à nouveau du marteau et ses coups de marteau retentirent pour la seconde fois dans le ciel. Et déjà de grandes et de petites étoiles, forgées dans l'argent le plus pur, jaillissaient l'une après l'autre de l'enclume; en dernier lieu, Ilmarine façonna une grande boule d'argent — la Lune. Puis il attacha les innombrables étoiles et la Lune à la voûte de fer. Tout cela embellissait énormément la Terre, mais il ne s'y trouvait toujours pas âme qui vive.

Enfin le moment vint de s'occuper du Soleil. Ilmarine rapporta de la demeure de l'Ancien une lanterne et il l'installa sur la voûte d'une manière si ingénieuse qu'elle montait et descendait toute seule le long du firmament nouvellement créé. Ainsi, la Terre se trouva successivement éclairée de tous côtés: le premier jour clair et lumineux venait de poindre.

Comment s'étonner que Wäjnämöjne fut émerveillé à la vue du firmament parsemé d'étoiles luisantes! Jusqu'alors immobile, il essaya d'observer l'ouvrage de son frère, tendit la main vers sa lyre et ses doigts commencèrent à parcourir les cordes. Sous la voûte brodée d'astres, tonnèrent les tons graves, tintèrent les tons aigus, et bientôt au son de l'instrument s'ajouta la voix de Wäjnämöjne. A travers le ciel lumineux, où le Soleil faisait déjà sa course, s'envola un chant puissant vers la Terre, embellie par la Lune et les astres et caressée par les chauds rayons du Soleil. Son chant terminé, Wäjnämöjne se leva d'un bond et sauta à bas du ciel. A peine ses pieds eurent-ils frôlé la Terre que des volées

d'oiseaux célestes vinrent le rejoindre à tire-d'aile, et partout où il passait, ils l'accompagnaient. Sous ses pieds nus naissaient des fleurs, et dès qu'il s'asseyait dans quelque endroit, les arbres se mettaient à pousser autour de lui, et les oiseaux venaient tout de suite se percher dans leurs branchages, pour y reprendre de plus belle leur chant.

La voix mélodieuse de Wäjnämöjne avait réveillé l'Ancien. Ses yeux s'écarquillèrent, tout étonnés:

— Serait-ce le monde qui est sorti de mes mains? Avant de m'endormir, ce n'était qu'un rocher sans vie, et vous, avec vos mains et votre chant, vous l'avez transformé en paradis chantant et fleurissant! Vous lui avez insufflé une âme; regardez-le, baigné de lumière, comme il brille de toutes ses couleurs, comme il chante et comme il embaume! Mais pourtant, pourtant, il manque encore quelque chose...

— Quoi donc, ô Ancien? interrogea Ilmarine, tout en gonflant à plusieurs reprises le soufflet de sa forge pour être prêt à aider le maître.

Son frère Wäjnämöjne cependant restait là, sans dire mot. Après avoir créé les oiseaux, et leur avoir appris à chanter, il imagina assez aisément quelle idée roulait dans l'esprit de l'Ancien. Assis, tout en gardant silence, il caressait les cordes de sa grande lyre.

Pour la seconde fois, l'Ancien fixa pensivement ses regards sur la Terre sous lui, comme s'il y voyait quelque chose. Enfin, il déclara:

— Le temps est venu que je crée les animaux et l'homme!

Et ainsi fit-il.

Les météores et le Soleil volé

C'était il y a longtemps, bien longtemps, quand rien n'avait encore existé, même pas notre monde. Dieu venait tout juste de descendre des hauteurs célestes pour créer le globe terrestre. Mais lorsqu'il regagna son logis céleste pour se reposer après ce dur labeur, il n'y remonta pas tout seul. Le bon Dieu ignorait encore qu'en bas, sur terre, en créant la pierraille et autre gangue peu utile, il créait aussi le diable et que celui-ci n'avait point envie de quitter son divin compagnon. Ils étaient donc deux à regagner les hauteurs nuageuses. Lorsque Dieu faisait halte pour reprendre haleine, le diable s'arrêtait aussi. Quand le bon Dieu pressait l'allure, le diable se mettait immédiatement à courir, pour ne pas perdre le Créateur de vue. Ainsi, tous les deux — le bon Dieu en avant, le diable un pas derrière lui — parvinrent au ciel. Oh! quelle liesse et quel bruit y régnaient! Partout, voletaient des anges, blancs comme la neige et de leur chant mélodieux, ils célébraient le nouvel acte divin: la création du monde. Au milieu de tout ce branle-bas et chahut célestes, le diable, toujours derrière le dos du bon Dieu, avait l'impression d'être une ombre noire sur laquelle tout le monde peut marcher, quand bon lui semble. Alors une grande tristesse s'empara de lui.

«Serait-ce parce que je suis noir et eux tout blancs», songe-t-il. «Pourquoi n'y a-t-il personne pour m'accueillir, moi aussi?»

Finalement, il prit son courage à deux mains, s'approcha de Dieu et lui murmura à l'oreille:

— Moi aussi, j'aimerais bien avoir une suite qui se précipiterait à ma rencontre quand je reviendrais de voyage. Que dois-je faire pour avoir des serviteurs qui auraient de la vénération pour moi et s'inclineraient devant moi?

— Rien de plus facile, sourit le bon Dieu en apercevant le

souillon cornu, barbouillé de suie. Lave-toi les mains et le visage, jette ensuite l'eau sale derrière ton dos!

Le diable suivit à la lettre la recommandation du bon Dieu et voilà que de la crasse du premier diable en naquirent une multitude d'autres. Ils étaient si nombreux qu'ils se sentirent bientôt à l'étroit dans le ciel. Ainsi le cornu noir et solitaire était devenu à son tour créateur et roi d'une cohorte si importante qu'à la vue de ce spectacle, les anges se mirent à trembler.

«Trop tard», se dit le bon Dieu, regrettant de ne pas avoir chassé le diable du ciel, dès son arrivée. Il fit mander sur l'heure saint Élie et lui dit:

— Convoque le tonnerre et les éclairs, ordonne aux torrents d'eau d'emporter en bas, sur la Terre, cette racaille méprisable!

Quelle joie pour saint Élie que de pouvoir faire la démonstration de tout son art!

Il tonnait et envoyait des éclairs, puis il provoqua une pluie diluvienne qui fit tomber du haut du ciel tous les diables l'un après l'autre.

Au bout de quarante jours de pluie, il n'y en avait plus un seul dans le ciel. Malheureusement ensuite, les anges commencèrent à tomber.

— Arrête-moi immédiatement ces éclairs et ce vacarme, stoppe cette pluie! hurla le bon Dieu furieux contre saint Élie et tout affolé. Veux-tu me priver de mon armée céleste?

La pluie s'arrêta net, en moins de temps qu'il en faut pour le dire.

Alors chaque diable s'arrêta dans sa chute vertigineuse vers la Terre et resta suspendu à l'endroit même où il se trouvait à ce moment-là. Encore maintenant, il nous arrive en contemplant le firmament nocturne de remarquer un de ces serviteurs infernaux qui se libère de son enchantement et continue sa chute vers la Terre par une nuit d'été, comme en avait jadis décidé le bon Dieu.

Cependant, Lucifer, prince des diables, cherchait comment au plus vite venger cet outrage. Comment? Alors que les anges peuvent continuer à vivre dans les hauteurs bleutées, lui, il se voit relégué sur la Terre grisâtre et malpropre. Bref, Lucifer ne se laissa pas expulser du ciel comme ça. Au moment de descendre, il s'empara du Soleil et l'emporta avec lui. Une fois sur Terre, il le planta au bout de sa lance, mit l'arme sur son épaule et partit vagabonder dans le monde.

La Terre connut alors des moments difficiles. Partout où le prince des diables passait, la chaleur incandescente du Soleil faisait éclater de violents incendies et des régions entières furent ainsi brûlées et calcinées. Les déserts sont, dit-on, le souvenir du vagabondage du diable. Comment s'étonner que la Terre se plaignit de Lucifer au bon Dieu. Elle allait, pour sûr, brûler toute entière si Dieu ne l'en empêchait pas et ne lui enlevait pas le Soleil!

Comment le bon Dieu pourrait-il admettre que la Terre continue à être de la sorte — lui, qui l'avait créée jusqu'à la moindre radicelle! Il fit venir l'archange Michel et lui ordonna d'enlever le Soleil à Lucifer et de le rapporter ensuite au ciel. L'archange était d'accord. Cependant, au lieu de se servir de son glaive flamboyant pour combattre le prince infernal, il décida d'employer la ruse pour le vaincre. Et il fit comme il avait imaginé. Descendu sur Terre, il feignit d'avoir rencontré Lucifer par pur hasard. Seulement, le prince des diables n'est pas un nigaud, aussi comprit-il immédiatement à quoi s'en tenir. Dès lors, il ne quitta plus le Soleil des yeux, et au fur et à mesure qu'il continuait à marcher en compagnie de l'archange, il redoublait de prudence. Il se doutait bien qu'un beau jour Michel tenterait de s'emparer du Soleil, seulement il ignorait comment l'archange s'y prendrait.

Le diable et l'archange marchaient ainsi ensemble depuis très longtemps dans le monde, lorsque, un matin, ils atteignirent le rivage d'un grand océan. De blanches vaguelettes toutes frisées se précipitaient à leur rencontre, l'eau était d'un bleu limpide. Alors la même idée traversa l'esprit des deux compagnons, épuisés par la chaleur cuisante du Soleil, au point qu'ils ne sentaient plus leurs jambes.

— Et si nous prenions un bain? demanda Michel.

— A vrai dire, mentait le diable, cela ne me dit pas grand-chose. Et puis, l'eau doit être bien froide. Si cela te tente, vas-y!

Insouciant, l'archange plongea à grand bruit dans l'eau, et attendit son moment, sachant très bien qu'il finirait par berner le diable.

Plein d'envie, celui-ci observait de la berge l'archange se prélasser dans l'eau, plonger et émerger et secouer avec plaisir de ses ailes, des gouttelettes d'eau scintillantes. Il passa encore un moment à faire impatiemment les cent pas sur la rive, puis, brûlant d'impatience, il ne se contint plus. Il ficha sa lance avec le Soleil dans le sable et voilà qu'il trempe ses pieds dans les flots rafraîchissants. Mais l'agréable fraîcheur de l'eau le faisait irrésistiblement avancer si bien qu'au bout d'un moment elle lui arriva aux chevilles, puis aux genoux et à la fin il y entra jusqu'au cou.

— Si nous plongions! proposa l'archange en éprouvant le diable. Voyons lequel de nous deux descendra le plus profond!

— D'accord, mais essaye le premier! répondit le diable en

se retournant pour vérifier que le Soleil était toujours là.

L'archange plongea et sa belle robe blanche disparut dans les profondeurs de l'eau cristalline. Rapidement, il descendit jusqu'au fond même de l'océan. En guise de preuve, il prit dans la bouche un peu de sable et remonta en surface. A présent, c'était au tour de Lucifer. Seulement, l'idée ne lui plaisait guère parce qu'il se rendait trop bien compte de l'occasion ainsi offerte à l'archange. Il cracha donc dans le sable et sa salive se changea aussitôt en une pie, oiseau qui, comme tout le monde le sait, aime tout ce qui brille et par-dessus le marché elle sait jacasser à vous en écorcher les oreilles quand on essaie de lui enlever son trésor brillant. Le diable comptait ainsi que la pie le préviendrait, au cas où l'archange tenterait de lui soustraire le Soleil.

Mais, en agissant de la sorte, Lucifer commit une grande erreur dans ses calculs car il ne prit pas en considération le pouvoir magique de l'archange. A peine le diable eut-il plongé que Michel fit un signe de croix au-dessus des vagues et aussitôt une couche de glace de neuf aunes s'étendit sur la surface de la mer. Puis, en un clin d'œil, il s'empara du Soleil. La pie pouvait toujours jaser à en crever les tympans, à ce moment précis, le diable se trouvait au plus profond de la mer... Avant qu'il soit remonté à la surface, l'archange était déjà bien loin, filant à toute vitesse vers le ciel. Et de plus, en remontant, Lucifer cogna de la tête contre la couche épaisse de glace. Comment sortir au plus vite? Il redescendit au fond de la mer, y arracha un bloc de rocher pour lui permettre de percer une ouverture dans la glace.

Et quand il se retrouva enfin à l'air libre sur la berge, Michel avait déjà gagné une avance considérable sur lui. Lucifer se lança à la poursuite de l'archange. Sa fureur le faisait courir sans cesse plus vite, tant et si bien que la distance entre eux diminuait progressivement. S'il y avait de ce temps-là déjà des hommes sur Terre, un spectacle fort insolite leur fut alors offert. Tout en haut, dans le ciel clair planait dans les airs un ange gigantesque, sa robe flottait derrière lui et ses ailes bruissaient comme le vent qui déplace de la neige. L'archange tenait dans ses mains une lance dont une extrémité était coiffée du Soleil, se balançant comme une immense lanterne. Et notre petit noiraud de Lucifer? Celui-ci sur les talons du poursuivi semblait — avec ses ailes de chauve-souris — être une ombre biscornue du bel archange.

Peut-être que de nos jours, lors de ses éclipses, le Soleil se rappelle la course d'antan de l'ange et du diable.

Déjà le ciel s'était ouvert, et du haut de son refuge nuageux, le bon Dieu observait la course acharnée de Michel et du diable. Ce dernier faisait tout son possible pour rattraper Michel avant la porte céleste. Et il s'en fallut de peu qu'il ne réussisse. Juste au moment où l'archange sautait sur le premier nuage, le diable parvint à le rattraper et il enfonça ses griffes dans le pied de Michel. Mais déjà il n'avait plus de prise sur lui car l'ange était sous la protection du ciel. Déçu et rugissant de colère, le prince noir des diables retourna sur Terre, les mains vides. Dès lors, plus personne ne l'aperçut, il n'y a que dans les contes de fées qu'on en parle.

Le Soleil était donc sauvé, cependant l'archange Michel en gardait un triste souvenir. Clopin-clopant, il se rendit auprès du bon Dieu pour lui montrer sa plaie.

— Regarde un peu, Dieu, le trou que le diable m'a fait dans le pied! Je sais très bien qu'il est de notre devoir de marcher nu-pieds, nous, membres de ton armée céleste, mais comment oserai-je me montrer ainsi abîmé par Lucifer, moi, le chef de tes troupes?

Avec un sourire compatissant, le bon Dieu caressa la plaie de Michel. Et, comme par enchantement, la douleur disparut aussitôt et la plaie se cicatrisa.

— Ne te lamente pas, Michel, dit-il. Tu verras, personne ne s'apercevra de rien. Dorénavant, les anges et même tous les gens te ressembleront. Tous auront dès maintenant un petit creux dans la plante du pied. Le petit Soleil vaut bien ce sacrifice, n'est-ce pas?

Et le lendemain, le Soleil reprit son voyage à travers la voûte céleste, comme auparavant. La Terre se remettait déjà de ses terribles brûlures et sa beauté était encore plus éclatante que jadis. Partout des jeunes pousses apparaissaient et des fleurs commençaient à s'épanouir.

Le Soleil se délectait à contempler ce beau spectacle, quand, soudain, il remarqua un léger mouvement dans les buissons sur la grève. C'est alors que l'homme en sortit. Peut-être était-ce le premier homme, et pour la première fois, il voyait la mer. Ou, du moins, il donnait cette impression-là. Il se promenait le long des vagues et il enfonçait ses pieds dans le sable mouillé. Et à la vue de l'empreinte fidèle de son pied, sur le sable, il ne cessait pas de s'étonner.

«Un orteil sur le pied et un orteil dans le sable», énumérait-il à mi-voix.

«Mais tiens! il en est de même avec le petit orteil...»

A nouveau, il frappa de toutes ses forces de son pied le sol.

«Des orteils jusqu'au talon, tout y est dans le sable, comme doué de vie!... Oh! combien de mystères cache-t-il, ce monde!»

Mais ce petit creux au milieu de la plante, l'homme ne l'avait même pas remarqué.

Comment Spe-ow lance et relance le disque du Soleil

Avez-vous déjà entendu parler de Spe-ow? Non? Alors écoutez!

Dans son pays, Spe-ow est connu comme le maître de tous les jeux. Sous vos yeux, il se transforme à loisir en un géant ou un petit renard argenté. Aucune flèche ne peut l'atteindre et encore moins l'abattre. Là où se trouve Spe-ow, la plus redoutable des campagnes de guerre se change aussitôt en paisible réunion autour d'un calumet de paix.

Oui, vous l'avez deviné, Spe-ow est immortel! Et comme un vrai chef des jeux, il n'est pas plus haut que trois pommes. S'il se cache dans les hautes herbes, vous aurez beau chercher, vous ne parviendrez jamais à le découvrir. Et, pour être tout à fait honnête, vous n'y perdrez pas grand-chose. C'est que Spe-ow n'est pas ce qu'on appelle un adonis. Une longue barbe blanche lui flotte sur la poitrine, ses crocs saillants vous feront penser immédiatement à ceux d'un puma. Quant aux yeux, il les a sûrement hérités d'un homard: on dirait que deux boutons lui pendent de son front, attachés par des fils passablement usés.

Il n'y a que sa grand-mère Kiki, geai bleu, qui soit au courant de tous ses secrets et ses cachettes. Alors quand vous trouverez dans une forêt ses petites plumes bleues, vous pourrez être sûr que Spe-ow aussi est passé par là.

Jamais de sa vie Spe-ow ne perdit une occasion de jouer, et il va sans dire que grâce à ses jeux il vécut d'innombrables aventures.

Celle dont parle ce conte date de ces temps lointains où le monde était encore enveloppé d'une épaisse couverture d'obscurité. Un jour, alors qu'il était comme à l'accoutumée occupé à fureter et fouiller dans tous les coins et recoins de la terre, il parvint soudain dans un endroit sur lequel tombait du haut du ciel un rayon lumineux, pas plus gros qu'un fil ténu. Si malin qu'il fût, le pauvre Spe-ow ne savait quoi

penser: voilà qu'au milieu du sombre et impénétrable monde surgit tout d'un coup sur le sol une petite galette lumineuse, reliée avec le haut d'une drôle de ficelle visible de loin. Spe-ow se met à rôder tout autour de la galette brillante, en aspirant et reniflant, mais c'est peine perdue, car la lumière ne sent rien du tout.

— Viens ici! héla-t-il sa grand-mère Kiki, geai bleu. Regarde, quelque chose a dû descendre d'en haut et a laissé pendre cette corde. Si l'on allait voir ce qui se passe par là! dit-il en désignant de son doigt le ciel obscur.

Et déjà plus rien ne pouvait retenir Spe-ow. Il s'accrocha au rayon, le serra entre ses petites jambes et se mit à grimper. La grand-mère Kiki, craignant de le perdre de vue, dut se résigner bon gré mal gré, à le suivre. Dans sa hâte, elle s'éleva si vite dans les airs que bientôt elle le devança même — on vit alors tout en haut s'agiter une paire d'ailes bleues, tandis qu'au-dessous Spe-ow s'acharnait sur le petit fil de lumière afin de se hisser jusqu'au ciel. Enfin, ils atteignirent l'orifice par lequel on accédait au pays de là-haut.

— J'ignore ce qu'il peut nous arriver ici, confia Spe-ow à sa grand-mère. Je préfère que tu restes ici, près du trou, à surveiller la corde pour que personne ne puisse l'enlever. Quant à moi, je vais me transformer en castor et aller explorer un peu les lieux.

Ce pays d'en haut n'était qu'un grand marécage — justement terrain d'élection des castors. Spe-ow, sous son apparence de castor, était déjà bien loin de sa grand-mère quand, tout à coup, clic! — son pied se prit dans un piège, l'immobilisant complètement. Il attendit donc ainsi, pris au piège, jusqu'à ce que Snoqualm, le chef céleste, arrivât. Ce dernier dégagea enfin le prétendu castor, le jeta sur son épaule et se hâta de regagner sa hutte, déjà tout réjoui à l'idée de la bonne soupe grasse qu'il allait en faire.

Alors qu'il était en train d'allumer le feu, le chef des araignées fit son entrée sur ses huit longues pattes dans la cabane.

— J'ai tissé avec la lumière une cordelette plus fine que jamais de ma vie je n'en ai encore faite, annonça-t-il à Snoqualm, et pourtant quelqu'un de la Terre a réussi à se hisser sur elle jusqu'au ciel. Va vite cacher le Soleil et les étoiles pour empêcher cet intrus de nous les emporter!

Snoqualm attacha le castor à un piquet et sortit précipitamment du logis, suivi de l'araignée.

Sans même tenter de se libérer, Spe-ow resta là, attendant les événements, tandis que dans la marmite bouillonnait l'eau pour la soupe de castor.

Quelques instants plus tard, le chef céleste fut de retour, portant dans ses bras le Soleil, les étoiles et un petit coffret. Il

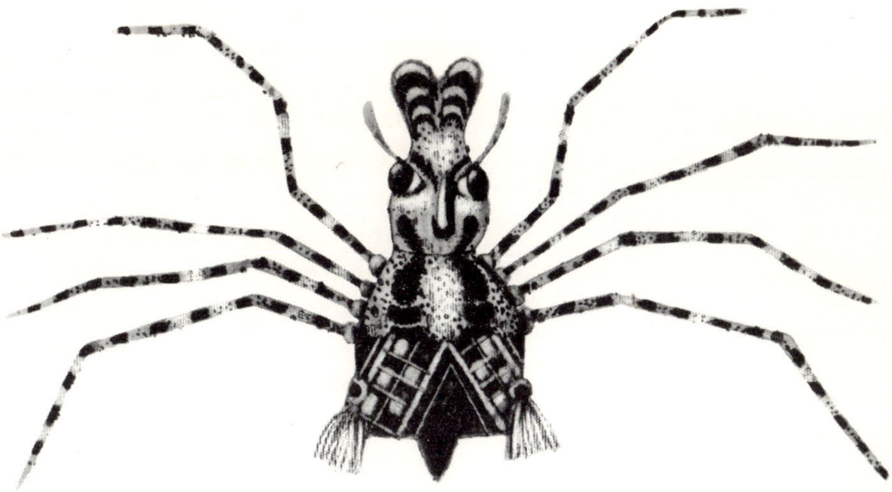

entassa sa charge derrière une poutre dans la cabane et là-dessus, ressortit en courant. Cette fois-ci, Spe-ow ne perdit pas une seconde. Rapidement, il coupa les liens avec ses dents, reprit aspect de nain et lissa sa barbe hirsute. Après quoi il bondit vers le feu pour y renverser la marmite d'eau, puis il mit sous un bras le Soleil, les étoiles sous l'autre, tout en serrant sur sa poitrine l'écrin mystérieux et il se rua vers la porte. Il prit ses jambes à son cou et courut tant qu'il put dans la direction du trou céleste. Chemin faisant, il passa devant une forêt de sapins.

— Qu'est-ce que cela ces drôles d'arbres, couverts de petites aiguilles? s'étonna Spe-ow. Il interrompit pour un petit moment sa course, aspira un peu d'air, souffla un petit coup et — boum! plusieurs sapins s'abattirent sur le sol. Il en réduisit trois en simples éclats de bois et les cacha au fond d'une poche.

— Vite, grand-mère Kiki, dépêche-toi, sinon Snoqualm va nous rattraper! cria-t-il de loin au geai. Et sans même tourner la tête pour voir si Kiki le suivait — hop! il bondit et déjà il était pendu à la corde de lumière. Mais de dessous son bras, celui qui tenait la corde, s'échappèrent toutes les étoiles que aussitôt s'égaillèrent dans tout le firmament, encore telles que nous les voyons aujourd'hui.

Si Spe-ow et sa grand-mère s'étaient attardés un tout petit peu plus longtemps dans le ciel, ils ne seraient plus redescendus sur la Terre. A peine avaient-ils touché le sol ferme que le visage de Snoqualm apparut dans le trou céleste et que le chef des araignées se mit aussitôt à hisser le rai de lumière.

Alors seulement Spe-ow put tirer parti de son butin. D'abord il planta dans le sol les trois éclats de bois et les retransforma en sapins élancés, donnant ainsi à la Terre un arbre qui, jusqu'alors, n'y avait pas poussé. Après cela, il posa dans la mousse l'étrange petit coffre, curieux de voir ce qu'il contenait. Tout doucement, d'un pouce à peine, il souleva le couvercle mais aussitôt il se figea de stupeur. Par l'étroite fente la lueur du jour se glissa hors de la boîte et au fur et à mesure qu'elle se répandait, elle caressait d'abord de ses rayons lumineux les rouges rochers environnants et le sable doré, puis l'herbe verte et l'eau bleue jusqu'à atteindre les lointaines collines et montagnes. Tout ébahi, Spe-ow ne se contint plus et ouvrit tout grand le couvercle. Alors le premier jour clair commença dans le monde et les oiseaux stupéfaits, qui jusqu'alors étaient sans voix, déclenchèrent un tel tintamarre qu'eux-mêmes en furent effrayés. Même le geai Kiki se mit à jaser. Hrrrrrréééé! de concert avec les autres.

L'apparition du premier jour plongea toute la Terre dans une immense agitation. Naturellement, Spe-ow, lui aussi, prit part à l'allégresse générale. Il saisit le Soleil dans ses mains et se mit à courir à travers les prés étincelants de toutes les couleurs des fleurs. Puis, de toutes ses forces, il le lança dans les airs. Au départ bien rouge, au fur et à mesure qu'il montait, le Soleil se réchauffa au point de devenir tout blanc.

Les hommes jusqu'alors plongés dans un éternel sommeil s'éveillèrent et bientôt furent contraints par la chaleur brûlante et cuisante du Soleil de se débarrasser de leurs vêtements de peaux de chèvres de montagne. Toute la journée le Soleil courut à travers la voûte céleste et au soir, seulement, il disparut derrière l'océan.

Rien à dire, lancer le Soleil c'est aussi facile que jouer à la balle. Seulement, une fois lancé, il faut bien aller le chercher pour le rapporter au point de départ. Mais savez-vous comment il va s'y prendre notre petit Spe-ow rusé? Eh bien, tout d'abord il ouvrira le petit coffret pour y faire rentrer toute la clarté du jour. Vite, il refermera le couvercle de la petite boîte et s'enfoncera alors dans les ténèbres à la recherche du Soleil perdu. Tout le monde ignore par où il passe pour arriver jusqu'à l'endroit où se cache le Soleil. Toujours est-il que la nuit à peine écoulée, le voilà de retour avec le Soleil sous le bras et il se hâte vers le petit coffre contenant la clarté du jour. Il en laisse d'abord échapper par une petite fente, un mince rai de lumière, juste ce qu'il faut pour éclaircir dans le lointain les grands rochers et collines tandis qu'au fond des profondes vallées agonisent encore les ténèbres. Puis, un petit moment plus tard, il ouvre en grand le couvercle et c'est le jour lumineux qui se répand en furetant dans les coins les plus secrets de ses rayons curieux.

— Spe-ow est de retour avec le Soleil, gazouilla le premier oiseau.

— Spe-ow vient d'arriver, dit un second, en lui coupant la parole.

— Le revoilà, Spe-ow! piaule un troisième.

— Spe-ow! doivent répéter l'un après l'autre tous les oiseaux et comme ils sont très très nombreux, un long moment s'écoule avant que chacun d'eux ait rempli son devoir. Ensuite, toute cette gent ailée, perchée dans les arbres ou du haut de ses gîtes dans les rochers, regarde Spe-ow qui se met à courir dans le pré en lançant le Soleil très haut dans le ciel.

Et tous les matins, c'est le même spectacle: Spe-ow projette le Soleil dans le ciel et celui-ci, après avoir traversé toute la voûte céleste, va se poser tous les soirs au même endroit, loin derrière l'horizon. Cependant, lorsque l'herbe dans les prairies commence à jaunir, l'eau des rivières à monter, et lorsque les flancs des montagnes se couvrent d'un épais tapis de neige, le voyage nocturne de Spe-ow à la recherche du Soleil devient bien pénible. Il revient, le pauvret, transi de froid, trempé jusqu'aux os, et de surcroît, bien en retard. Il a beau se hâter pour rattraper ce retard et ouvrir à temps le petit écrin avec la clarté du jour, pendant ces longues nuits d'hiver les gens peuvent tout de même dormir un peu plus longtemps.

Avez-vous déjà vu la nuit les hautes tiges de l'herbe se balancer et onduler au clair de lune? Avez-vous déjà entendu son doux murmure? Non, non, ce n'est pas le souffle du vent qui fait ondoyer l'herbe dans la prairie. C'est Spe-ow, chef de tous les jeux, qui court par là en roulant devant lui le disque du Soleil. Alors pensez bien fort à lui, qu'il parvienne au bout de sa course avec sa balle dorée et à temps!

La brebis-soleil et le chacal

Il faisait une de ces chaleurs étouffantes et terribles qui n'existent qu'en Afrique. Accablés, les gens s'abritaient à l'ombre des palmiers où jaillissait une source d'eau, agréablement fraîche, qui leur permettait d'étancher leur soif continuelle. Ce n'était qu'à la tombée de la nuit, lorsque le Soleil cuisant s'était couché, qu'ils pouvaient enfin respirer plus librement et se restaurer quelque peu.

Dès que le paysage fut plongé dans l'obscurité, le chacal partit à la chasse. Il aperçut une brebis et immédiatement l'envie le prit de goûter à sa chair tendre.

Dans la plaine, un chacal noir comme la nuit rôda,

Et une brebis blanche comme le jour, égorgea.

Il but d'abord tout son sang et, après avoir déchiré le corps de sa victime, il cacha les morceaux de viande dans la brousse.

Mais à peine avait-il le sang de brebis, à peine avait-il avalé le premier morceau de viande, que des brûlures atroces tordirent ses entrailles et le chacal fut dévoré par une soif terrible et étrange qu'il n'avait encore jamais connue auparavant.

— Ouh, ouh, ouh, à boire, donnez-moi à boire! hurla-t-il.

Les hommes à la peau noire l'entendirent. Ils remplirent d'eau une grande jatte et la déposèrent aux abords du village. Le chacal les y attendait déjà avec impatience, se préparant au moment délicieux où la première gorgée rafraîchissante glisserait dans sa gorge en feu. Il se précipita sur la jatte et se mit à boire avidement. Mais le soulagement tant désiré ne vint pas, l'eau se desséchait déjà dans sa gorge et pas une seule goutte ne parvint dans l'estomac.

— De l'eauuuu! de l'eauuuuu! hurla de nouveau le chacal.

Une fois de plus les gens accoururent, mais ils constatèrent que la jatte était presque pleine.

— Bois d'abord l'eau qui se trouve dans la jatte! objectèrent-ils.

Seulement le chacal avait beau boire et boire encore, les terribles brûlures qu'il ressentait comme si quelqu'un avait allumé un feu dans son estomac, ne cessaient toujours pas.

— Apportez-moi une autre eau, avec celle-ci je n'arriverai jamais à étancher ma soif! gémit-il.

A nouveau les gens remplirent la grande jatte, jusqu'à ce que l'eau en débordât. Le chacal y trempa le museau, puis plongea toute la tête et de laper et de laper. Mais l'étrange phénomène se reproduisit. L'eau se desséchait dans ses entrailles et il aurait pu boire ainsi éternellement.

— Bizarre, bizarre, dirent les gens en hochant la tête. Ecoute, chacal, n'aurais-tu pas égorgé la brebis-soleil et mangé sa chair?

— En effet, j'ai tué une brebis, avoua le chacal. Mais pourquoi précisément la brebis-soleil?

— Parce qu'aucune eau ne peut assouvir ta soif. Voilà ce qu'il y a! Cours sur-le-champ ramasser tous les morceaux de viande que tu as enfouis dans tes cachettes et retourne avec le tout à l'endroit où tu as tué la brebis! Puis il te faudra crier:

Le chacal noir à la nuit noire ressemblant,
Veut dormir, donc réveille-toi, brebis, à présent.

Ainsi tu ramèneras la brebis à la vie et ce n'est qu'après cela que tu pourras étancher ta soif.

Le chacal fit exactement ce que les gens lui avaient conseillé et la brebis ressuscita. Mais regrettant la proie perdue, le chacal ne put s'empêcher de cacher dans une petite bourse en cuir qu'il portait toujours à son cou, un minuscule petit morceau de graisse pour soigner ses yeux endoloris. Là-dessus, il retourna auprès des hommes pour boire enfin à satiété.

Le chacal se mit à laper mais voilà qu'il gémit de nouveau car il continue à souffrir comme auparavant. Oh, quelle soif atroce! Et la gorge toujours aussi sèche et brûlante que le sable dans le désert... Il ne savait plus quoi faire pour se débarrasser de sa souffrance. C'est alors que l'idée lui vint d'essayer de boire avec une tige creuse de roseau. Il en introduisit un bout dans l'estomac, puis l'autre bout dans l'eau et se mit à aspirer. Mais rien ne changea. Une si grande rage s'empara alors de lui qu'il en perdit la tête. Dans son affolement, il se jeta dans un ruisseau, mais celui-ci se dessécha aussitôt.

— Ce n'est pas possible! s'écrièrent les gens, étonnés. Tu dois avoir gardé encore un petit morceau de la brebis-soleil.

— Oui, c'est vrai, j'ai ici dans ma bourse une miette de sa graisse, se rappelait le chacal, je l'ai gardé pour mes yeux malades.

— Débarrasse-toi tout de suite de cette bourse, sinon l'eau te craindra toujours, lui suggérèrent les gens.

Dès que le chacal se fut défait de la bourse, il ressentit un grand soulagement. Le feu, qui lui infligeait tant de souffrances, s'éteignit et il put boire à son saoul.

Tout content, il étira son corps noir, envahi d'une douce fatigue. Puis il disparut dans la brousse juste au moment où le jour commençait à poindre.

La brebis-soleil est sortie à nouveau sur le ciel d'herbe se rassasier,
Avant que ne revienne le chacal-nuit pour l'égorger.

Phaéton

Vous vous demandez d'où vient mon beau collier avec ses étranges petites pierres couleur miel? Vous auriez beau ouvrir des coffres pleins de pierres précieuses, d'or et d'argent, vous n'y trouverez jamais d'aussi belles pierres. Les hommes les nomment ambre; si vous contemplez une de ces gouttelettes d'ambre, vos yeux croiront y voir le coucher du soleil.

Mais en fait, est-ce vraiment une pierre, cet ambre? Et si oui, comment est-il venu au monde? Mais commençons plutôt notre récit par un autre bout!

Dans un pays lointain, où les hommes ignorent ce qu'est la neige et où le soleil règne, en maître tout puissant, vivait un garçon du nom de Phaéton. Il y vivait avec sa mère et ses sœurs. Sa mère l'adorait, ses sœurs l'entouraient de soins et de tendresse, mais comme il n'avait plus son père, il lui fallait se débrouiller tout seul. Mais quand on apprend quelque chose tout seul, on l'apprend doublement!

Etait-ce parce que personne n'avait jamais enseigné au garçon comment lancer un disque et monter à cheval que ses jeux étaient plus tenaces que ceux des autres et qu'il prenait tellement à cœur tout ce qu'il entreprenait? Bientôt les autres garçons se fiant uniquement sur l'expérience paternelle ne pouvaient plus se mesurer en rien à Phaéton. Aussi s'étaient-ils mis à envier plus fort leur compagnon et cherchaient toute occasion de l'humilier.

Un jour, Phaéton rentra chez lui tout abattu et resta ainsi jusqu'au soir, sans dire un mot. Alors au coucher du soleil seulement, il demanda à sa mère:

— Et quand je serai grand, maman, j'irai à la chasse moi aussi?

La mère leva les yeux et jeta un regard étonné sur son fils:

— Mais pourquoi pas? Quand tu auras bien appris à manier les armes, tu seras admis parmi les hommes.

— Et qui donc devrait m'apprendre à manier les armes? Je n'ai pas de père, maman? demanda résolument Phaéton. J'en ai assez d'entendre sans cesse les moqueries de mes compagnons!

Grave et silencieuse, la mère contempla longuement le soleil qui se couchait à l'horizon, semblable à une moitié d'orange.

— Tu as bien un père, mon cher fils, et nul de tes amis n'en a de pareil. Mais il ne pourra pas t'apprendre à jeter la lance, il est tellement loin...

— Qui est-ce, maman? Je t'en supplie, dit-le-moi enfin! s'exclama Phaéton, brûlant d'impatience.

— Ton père est Hélios, le dieu Soleil!

— Quoi? Hélios serait-il mon père à moi? Celui qui vient de descendre derrière l'horizon dans son char flamboyant?

— Celui-là, mon enfant. Mais si tu ne me crois pas, va le voir. Son palais est bâti au sommet d'une haute montagne, au-delà de l'horizon. Une sente mince comme un fil t'y mènera.

Phaéton n'étant jamais long à se décider, il se mit en route la nuit même. Il n'avait pas imaginé, le pauvre petit, que son pèlerinage ne se terminerait pas de si tôt, que la route serait aussi pénible et remplie d'obstacles. N'empêche qu'un beau jour, une montagne gigantesque se dressa devant lui et elle correspondait à la description de sa mère. Il gravit donc le sentier mince comme un fil, en effet, et sur le faîte de la montagne il aperçut un immense palais, soutenu par des colonnes de marbre. Au milieu, une porte d'argent, décorée de baleines surgissant des vagues de la mer, d'oiseaux voletant dans les nuages et d'animaux chassant dans les forêts, s'ouvrait devant lui. Le monde entier était forgé, sur les battants de cette porte.

Rien d'étonnant que le cœur du gamin se mit à palpiter à l'idée d'apercevoir pour la première fois de sa vie le puissant dieu! Et si tout cela n'était qu'une chimère? Comment Hélios pourrait-il avoir pour fils un garçon aussi ordinaire que lui? Comme dans un rêve, Phaéton parvient en titubant jusqu'à une salle spacieuse d'où jaillissait une lueur rouge. Là, sur un trône doré, était assis Hélios, vêtu d'un manteau pourpre et une couronne flamboyante semblable à un petit soleil, ornait sa tête. Mais quels étranges conseillers l'entouraient!

Près du trône se tenaient le Printemps, habillé d'une robe parsemée de fleurs embaumantes, l'Eté, qui faisait bruire sa couronne d'épis de blé, l'Automne, occupé à grappiller des grains de raisin, et l'Hiver, tout voûté avec sa chevelure d'argent, s'appuyant sur un bâton noueux.

Plus loin, comme alignés en file, se tenaient les Jours, les

Mois, les Années et les Siècles, tandis que les Heures, fillettes à chevelure ébouriffée, formaient un grand cercle autour du trône divin en changeant fébrilement de place.

Les dieux savent tout d'avance, aussi le dieu du Soleil fit-il immédiatement un signe de main au jeune homme comme s'il l'attendait depuis l'éternité. Puis il enleva sa couronne pour éviter que sa chaleur ne consume le garçon et seulement alors Phaéton put s'approcher du trône.

— Hélios, tu es dieu de la lumière qui tous les jours nous éveille, mes sœurs et moi-même, en nous invitant à jouer et ma mère à travailler. Même mes camarades te suivent des yeux comme subjugués, quand tu conduis ton char d'or dans ta course à travers les cieux. Comment alors pourrais-je, moi, garçon de si humble condition croire ma mère qui me dit que je suis ton fils?

— Tu es mon fils, Phaéton, dit la voix du dieu résonnant dans la vaste salle et répercutée par écho multiple. En veux-tu des preuves? Tu les auras, ces preuves! Je te donnerai les plus magnifiques trésors des cieux et de la terre. Formule n'importe quel vœu, je le réaliserai!

Mais Phaéton n'avait que faire de toutes les richesses du monde! A ses yeux, les petits cailloux qu'il jetait dans les vagues à la marée haute, en bas sur terre, avaient autant de valeur que des pépites d'or. Cependant, le jeune homme surpassant ses amis dans toutes les épreuves et capable de gagner toujours la première place, savait d'avance ce qu'il allait demander. Serrant encore plus fort son bâton entre ses doigts, il se campa résolument devant Hélios.

— Aussitôt que l'Étoile du matin se lèvera, aujourd'hui je désire prendre ta place dans le char doré et le conduire une fois moi-même!

Dans la salle, il se fit un profond silence. Même les Heures

qui gambadaient autour du trône divin stoppèrent leur jeu.

— Non, mon fils, cela, je ne te laisserai pas le faire, c'est une tâche qui est bien au-dessus des forces d'un simple mortel. Même le grand Zeus, dieu souverain, n'a encore jamais tenu dans ses mains les rênes de mes coursiers sauvages!

Mais Phaéton n'étant pas habitué à céder, ce fut en vain que Hélios essaya de dissuader son fils en lui décrivant les périls de la course céleste et du pouvoir magique des astres. Phaéton s'entêta pour montrer à ses camarades qui était son père et à quel point avaient été vaines leurs railleries. Il ne resta donc à Hélios qu'à enduire son fils d'un onguent magique, pour le protéger de la chaleur du soleil, et à l'accompagner au point de départ de ce périlleux voyage qui ne laissait rien présager de bon.

Déjà, la porte ouverte du palais de Hélios étincelait des teintes roses de l'aurore. Par la porte on voyait le navire de la lune s'éloigner, les étoiles balayer la voie du soleil et déjà l'Étoile du matin battait des paupières encore lourdes de sommeil. Quoique émerveillé à la vue de ce beau spectacle, Phaéton, en son for intérieur, se voyait déjà tenant les rênes des coursiers impétueux, qui piaffaient déjà impatiemment, attelés à l'équipage doré. A peine Hélios eut-il le temps de coiffer son fils de sa couronne et de l'embrasser pour la dernière fois que le jeune homme sauta dans le char. Puis il partit avec la rapidité de l'éclair, tels ces jeunes étourdis dont les lances ne volent pas encore très loin. Aujourd'hui, il sera dieu, à l'image de Hélios, son père!

Phaéton passa par la grande porte et devant lui s'ouvrit l'immense étendue céleste. Un sentier bleu montait à pic pour se perdre au loin, dans les hauteurs du ciel. Seul le galop des chevaux et le frémissement de leurs ailes perturbaient le grand silence. Pour la dernière fois le garçon se retourna pour regarder encore son père, mais déjà en bas, la montagne de Hélios n'était plus qu'un minuscule ilôt flottant sur les nuages et le palais de soleil avec ses colonnes gigantesques ressemblait à un peigne égaré de sa mère.

Bientôt les coursiers s'aperçurent qu'ils n'étaient pas conduits par la ferme main du dieu. Ils quittèrent leur chemin habituel et le char se mit à vaciller dans les ornières du chemin céleste. D'étranges phénomènes apparurent aussitôt dans le ciel. Devant Phaéton surgit soudain le dragon au corps couvert d'écailles et de sa queue il frappa le char si fort que celui-ci se secoua. Puis, du fond de l'océan céleste surgirent les pinces de l'énorme scorpion.

Effrayé, Phaéton lâcha les rênes et c'est alors que les chevaux se sentant libres s'élancèrent en avant comme déchaînés. Ils se précipitèrent avec le char en direction de la terre, où la chaleur noircit la peau aux gens sur-le-champ et puis ils s'envolèrent en direction des hauteurs vertigineuses en incendiant les demeures des dieux.

A bout de force, et incapable d'agir, l'adolescent regarda la terre et fut saisi de vertige. Loin au-dessous des nuages, le feu embrasait les forêts, et la chaleur faisait fondre les glaciers. Des troupeaux d'animaux fuyaient l'incendie, et sur les fonds des mers desséchées miroitaient des milliers de poissons morts.

Les dieux courroucés abandonnèrent leurs demeures brûlées et se rendirent auprès de Zeus pour lui présenter leurs doléances. Il trouverait sûrement inadmissible que le char du

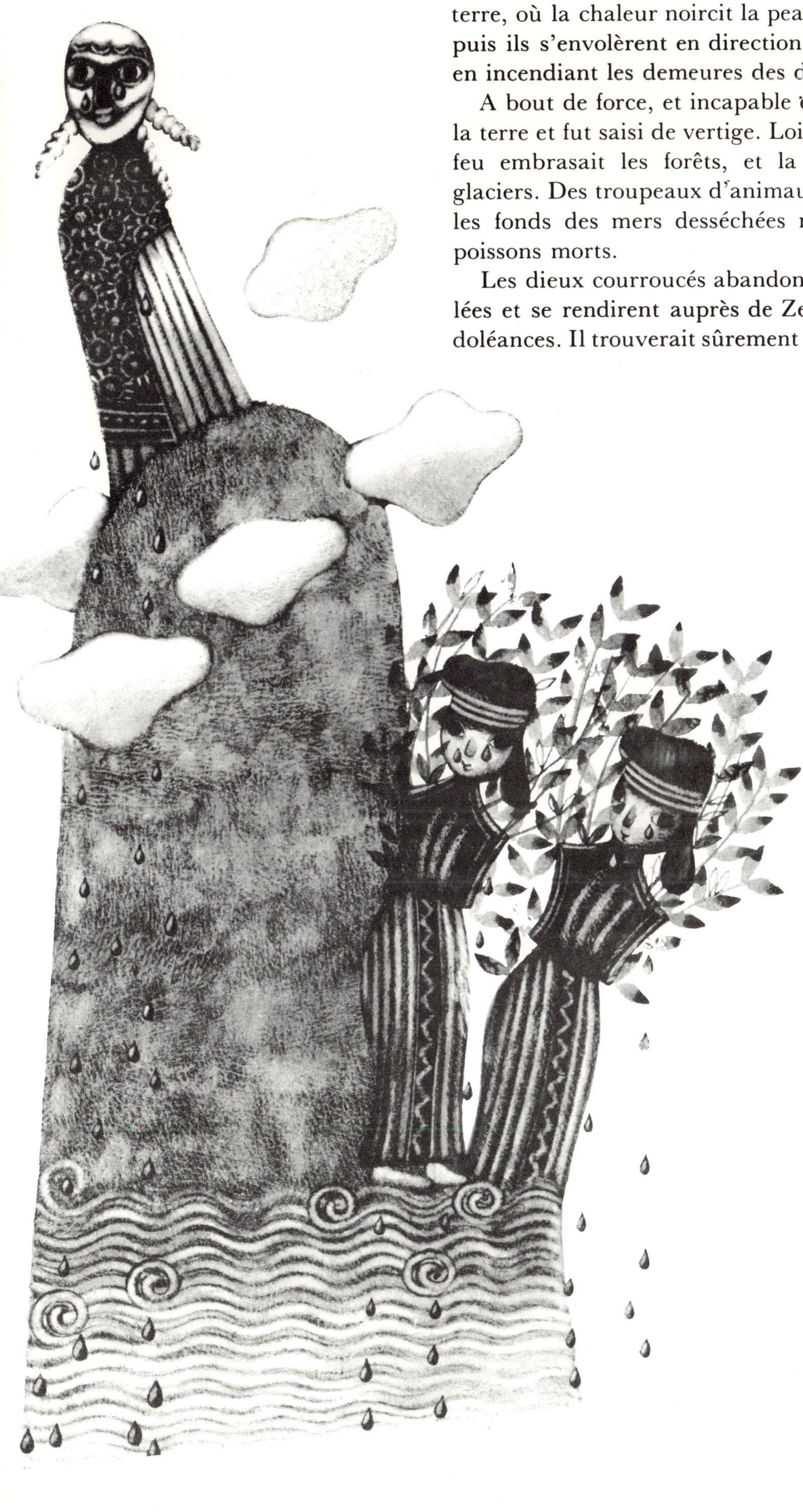

soleil soit conduit par un adolescent inexpérimenté! Zeus s'assombrit ne sachant d'abord quoi faire: s'affliger du sort du malheureux petit d'homme, s'indigner de voir Hélios agir si imprudemment. Il est bien difficile de gouverner le cours des astres et par surcroît de maintenir l'ordre entre les dieux et les hommes! Mais comment sacrifier tout cela pour un caprice d'un seul adolescent? Dans sa main il fit donc tournoyer la foudre et la précipita ensuite sur l'attelage.

Un terrible coup de tonnerre fit trembler aussitôt le ciel et la terre, éteignant tous les incendies. Foudroyé, le char alla s'écraser dans la mer. Ce jour-là, le soleil ne se montra plus sur la coupole céleste.

Transformé en torche vivante, Phaéton tombait vers la terre, dans une chute vertigineuse, en traçant sur le ciel sombre un trait incandescent, qui se termina dans les eaux de la rivière Eridan.

Loin de là, sur sa haute montagne, Hélios, dieu du Soleil, pleurait la mort de son fils. Et le chagrin des sœurs de Phaéton ne fut pas moindre. Accablées de douleur, elles parcouraient les bords d'Eridan à la recherche de la dépouille de leur frère. En proie au désespoir, elles levaient les bras vers le ciel, d'où les dieux courroucés contemplaient la terre ravagée.

Peut-être auraient-elles péri de chagrin si un jour un pouvoir magique ne les avait pas changées en aunes. Mais les arbres continuaient à pleurer. Au bout des feuilles perlaient des larmes qui ruisselaient jusqu'aux flots tumultueux de la rivière pour se transformer, sur son fond, en petits cailloux couleur miel...

Lorsque vous porterez à vos yeux un collier d'ambre, souvenez-vous des larmes des malheureuses sœurs de Phaéton. Vous voyez sa belle couleur dorée? Et si vous les contemplez à la lumière, les gouttelettes d'ambre s'enflamment comme le soleil couchant. Alors souvenez-vous aussi de Phaéton, cet adolescent qui avait eu la hardiesse de monter au ciel, pour y conduire sous les regards des hommes le char du soleil.

La Lune

«La Lune est une voleuse effrontée,
Elle soustrait sa pâle lumière au soleil!»

William Shakespeare

Les enfants du Soleil et de la Lune

Le Soleil et la Lune étaient jadis liés d'une amitié fidèle. Ils avaient chacun une ribambelle d'enfants et les gamins jouaient toujours ensemble. Le Soleil était sans cesse aux petits soins pour la Lune, et celle-ci s'empressait, dès que possible, d'entourer le Soleil d'attentions, à son tour. Mais comme il arrive, en ce monde, où souvent un petit rien détruit l'amitié, la Lune se mit à jalouser le Soleil:

«Pourquoi moi, ne suis-je faite que d'argent, tandis que le Soleil, lui, est tout en or? Pourquoi le Soleil peut-il régner sur les plantes, pourquoi les merveilleux papillons le vénèrent-ils, alors que moi, je suis tout juste bonne à éclairer un peu la route d'un voyageur égaré et que les papillons du nuit m'agacent?»

Ainsi la Lune acquit petit à petit la certitude qu'il lui fallait un atout auquel le Soleil ne pourrait prétendre. Et ce qu'elle décida de faire, était, ma foi! vraiment peu digne d'un ami. Un jour elle parla ainsi:

— Mon cher Soleil, à quoi bon avoir tant d'enfants à nous? Nous allons les jeter à l'eau.

— A vrai dire, ma petite Lune, répondit le Soleil, j'ignore pour quelle raison nous devrions nous débarrasser de nos enfants, mais nous ferons comme tu l'entends: nous allons les jeter à l'eau.

Ils établirent leur plan, et chacun d'eux devait mettre ses enfants dans un sac pour les noyer ensuite ensemble dans la rivière. Le Soleil agit conformément à l'accord. En revanche, la Lune mit à exécution son dessein secret: au lieu de ses enfants, elle empila dans le sac un tas de cailloux blancs.

«Pourquoi mes enfants devraient-ils périr au fond d'une rivière glacée? Il pourra toujours se targuer de son panache doré, le Soleil esseulé, et moi, je continuerai à me promener avec mes enfants. Tout sera enfin partagé d'une manière équitable», se dit la Lune, justifiant à elle-même sa propre conduite. Après quoi, elle se dirigea vers la rivière.

Là, sur la rive, le Soleil l'attendait déjà. N'ayant rien à perdre, la Lune lança la première son sac, pour encourager le Soleil. Aussitôt, la surface d'eau se referma sur le sac et seuls de grands ronds qui s'élargissaient en ridant le miroir de l'eau indiquaient où était tombé le fardeau truqué. Pourtant, le Soleil ne pouvait se décider à l'imiter. Mais, persuadé que la Lune avait tenu parole, il avait tout de même honte de manquer à sa promesse. Finalement, le sac contenant les enfants du Soleil disparut dans la rivière et les deux amis reprirent le chemin du retour.

Dès que le Soleil eut glissé sous l'horizon, tout fut plongé aussitôt dans l'obscurité. Alors la Lune, amie perfide, sortit en compagnie de ses enfants pour se promener. Ils se mirent tous à courir et à sautiller dans le noir de la nuit, et bientôt les gamins commencèrent à chanter et danser, formant des cercles et faisant des zigzags de toute sorte, les yeux brillants du plaisir du jeu, comme des diamants.

Le Soleil ne tarda pas à les remarquer.

— Menteuse! cria-t-il à la Lune. Alors c'est ça, toutes tes flagorneries, toutes tes éloges de notre amitié!

— Calme-toi, dit la perfide Lune, tentant de l'apaiser. Regarde seulement les pauvres gens sur terre, éreintés par ta chaleur. Tu dessèches leurs puits, brûles leurs terres. Que deviendraient-ils, si tu te faisais aider par ta nombreuse descendance?

Mais le Soleil ne faisait plus cas des paroles de la Lune. Il disparut à nouveau derrière la ligne d'horizon et depuis lors, plus personne n'aperçut les deux anciens amis ensemble. Le jour appartient au Soleil et la nuit à la Lune.

Avez-vous de la peine pour les enfants du Soleil? Ne vous attristez pas! Le Soleil aussi avait un petit peu triché. Avant

de jeter le sac dans la rivière, il avait oublié, pour plus de sûreté, de le nouer. Ainsi, une fois dans l'eau, les enfants s'élancèrent à la nage hors du sac et se changèrent en poissons que les gens dans ce pays lointain appellent encore de nos jours «Enfants du Soleil». Ils frétillent et étincellent, tels des rayons de soleil, et quand ils sautent au-dessus de la surface de l'eau, on dirait une vraie cascade d'arc-en-ciel. Sans ces enfants solaires dans le ciel, les gens souffrent tout de même moins de la chaleur; et croyez-moi, les «Enfants du Soleil» ne sont pas mal non plus dans les flots rafraîchissants des rivières d'Afrique.

Savez-vous pourquoi la Lune baigne parfois dans un halo?

Avec son bec long et mince et ses pattes encore plus longues, l'ibis pourrait presque passer pour un joli oiseau, seulement voilà — son avarice était sans bornes. Et le plus grand avare de tous était l'ibis Mouregou. Un jour, la lune Balou était venu le voir. Une visite chez l'ibis était devenue une chose bien rare. Ladre comme il était, il avait laissé choir peu à peu tous ses amis, et finit bientôt par devenir un maussade solitaire. Surpris, Balou examinait avec une grande attention l'intérieur de la maison de Mouregou — et ma foi! il y avait de quoi observer. Au pied des murs se dressaient partout force massues et lances, et, un peu plus haut, les parois étaient couvertes de boucliers et de boomerangs joliment décorés. Et ne parlons même pas de couvertures! Chacune brillait de tant de couleurs qu'on n'aurait pas su dire quelle était la plus bariolée.

Balou tendit la main vers une des lances, et après l'avoir soupesée et retournée plusieurs fois, il n'avait plus aucune envie de s'en séparer; il eut un vrai coup de foudre pour cette arme.

— Donne-moi cette lance, Mouregou! quémanda Balou.

— Quelle idée! Tu t'imagines peut-être que je puis tout faire rien qu'avec mon bec? Et si l'on m'attaque, avec quoi vais-je me défendre, hein?

— Voyons, tu as tellement d'armes ici qu'on pourrait en armer une tribu entière, rétorqua, à juste titre, la lune Balou.

— C'est dit, je ne te la donnerai pas! coupa court l'ibis, en arrachant la lance des mains de Balou.

— Alors, prête-moi au moins cette couverture, Mouregou! Les nuits sont très froides, tu sais, et je claque des dents si fort que tout ce bruit m'empêche de dormir.

Une fois de plus Mouregou ne fit pas honte à sa réputation d'avare:

— Combien de fois veux-tu que je te répète que je ne

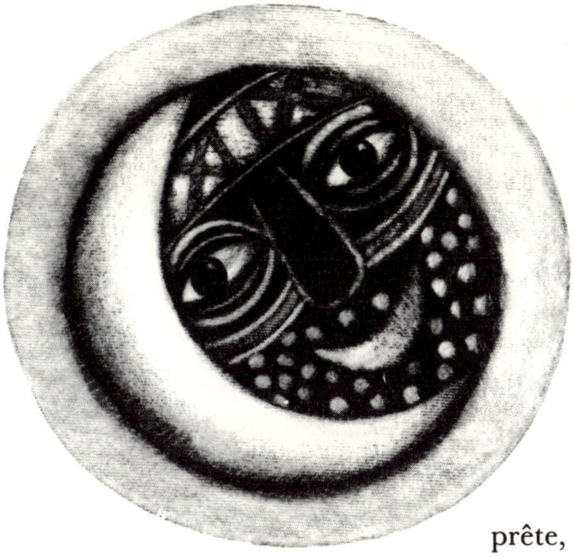

prête, ni ne vends ni donne aucune parcelle de mes biens! Plutôt que de m'importuner plus longtemps avec tes supplications, occupe-toi de tes affaires!

Le visage assombri, Balou s'en alla. Pour se protéger un peu du froid il se construisit avec de l'écorce une petite hutte circulaire. Mais il ne pouvait pas pardonner à l'ibis Mouregou son avarice. A peine s'était-il installé commodément dans la cabane qu'il se mit à pleuvoir et il pleuvait, pleuvait à n'en plus finir. La pluie était si abondante que bientôt les ruisseaux et les rivières quittèrent leurs lits et l'eau inonda même la demeure de Mouregou. Les lances et les boomerangs furent emportés par le courant et les belles couvertures de Mouregou furent si imbibées d'eau qu'elles ne pouvaient plus servir pour dormir.

Depuis lors, la Lune garde sa rancune contre l'ibis Mouregou; il vous suffit de regarder un peu mieux le ciel nocturne, pour le constater. Dès que sur le firmament apparaît Balou dans sa petite hutte circulaire, le lendemain il pleut à coup sûr. Et l'ibis Mouregou de patauger le long des rivières et ruisseaux débordés, à la vaine recherche de sa richesse perdue.

Où disparaît la pleine Lune

Les bergers du monde entier font tous la même chose. Ils mènent les chèvres ou les brebis aux pâturages et puis ils ne font que souffler dans leurs pipeaux ou regarder les nuages. De temps à autre, ils choisissent pour leurs animaux un pâturage plus verdoyant et à nouveau, ils n'ont plus rien à faire. Bref, quand ils sont aux prés, il ne peut leur arriver rien d'extraordinaire; à la rigueur, une brebis peut s'égarer et quelque part, sur la pierraille, se casser la jambe.

Mais moi, je connais un pastoureau, qui a vécu aux pâturages une aventure si dangereuse que sa vie ne tint qu'à un fil.

Il était en train de faire paître des chèvres dans le voisinage des palmiers élancés, tandis que les brebis broutaient l'herbe juteuse un peu plus loin, tout en cherchant à s'abriter à l'ombre, car le soleil brûlait de toute sa force. Mais comme il arrive souvent dans ce coin du monde, un gros nuage apparut soudain à l'horizon et bientôt, il s'étala à travers tout le ciel.

Un vent violent s'éleva, suivi d'une pluie si drue que l'on ne pouvait rien voir à un pas. Le berger s'empressa aussitôt de rassembler toutes les bêtes égaillées en troupeau. Mais tout à coup, dans les flots de l'eau qui se déversait, juste au-dessus de sa tête, une voix terrible se mit à gronder. Elle tonna et mugit, tout comme un troupeau des éléphants déchaînés qui se frayent leur chemin à travers la jungle.

Le berger leva la tête et il resta figé d'effroi. Au-dessus de lui se dressait le corps d'un effroyable serpent. Sa tête se penchait vers lui et de ses yeux jaillit un feu cruel.

«Houuuuuaaah!» beugla le serpent. Le berger sut tout de suite à qui il avait à faire, car ses compagnons lui avaient déjà raconté beaucoup de légendes sur ce serpent. C'était Godang, le serpent géant, roi de tout l'empire des serpents. Au comble de l'effroi, le malheureux pastoureau tomba

devant lui à genoux, et d'un geste involontaire, il se cacha la tête entre les bras. Il ne lui restait qu'à attendre le moment où Godang approcherait de lui sa gueule terrible et l'engloutirait comme un minuscule grain.

Mais rien de tel n'arriva. Alors que le pastoureau se voyait déjà englouti par le monstre, le bêlement désespéré de ses chèvres se fit soudain entendre, tout près de lui. Le berger découvrit ses yeux et vit que Godang était en train d'entourer les chèvres de sa queue ct de les glisser ensuite entre ses deux rangées de crocs nus.

Il est vrai que le pastoureau, le cœur serré d'angoisse, craignait pour sa vie. Mais quand il vit le troupeau d'innocents animaux tenter vainement de fuir Godang, sa peur cessa sur-le-champ, et une rage démesurée s'empara de lui.

— Tu vas les laisser tranquilles, maudit voleur! s'exclama-t-il.

Mais dans le murmure de la pluie et le beuglement du serpent, sa voix s'était complètement perdue. Le berger ramassa alors quelques grosses pierres et se mit à les lancer sur le corps du serpent couvert d'écailles visqueuses. Mais qu'auraient pu faire, ces petits cailloux à ce géant! Godang ne les avait même pas sentis. Le berger décida néanmoins de répéter sa tentative. Mais cette fois-ci, il rassembla toutes ses forces et en calant ses pieds au sol, il en arracha une très grosse pierre. Puis il inspira profondément, souleva la pierre au-dessus de sa tête, et la projeta en avant avec un si grand élan qu'il faillit en tomber à terre.

La pierre heurta le corps du monstre, en faisant un bruit sourd. Le serpent géant lâcha de sa gueule une chèvre qu'il s'apprêtait à déchiqueter et tourna la tête vers cet assaillant inattendu. Lorsqu'il aperçut au-dessous de lui ce minuscule être humain, sa gueule se contorsionna en un horrible sourire et son regard se mit à flamboyer encore plus fort.

— Houuuuaah! pauvre ver de terre, tu oses affronter Godang, le roi des serpents? hurla-t-il et il frappa le sol de son énorme queue.

Le sol fut secoué, comme pendant un tremblement. Puis, Godang descendit à terre et son corps se mit à se dérouler dans la direction du pastoureau. Mais celui-ci ne perdit pas une seconde. Il se mit à courir à travers la forêt, zigzagua parmi les arbres, tout en se cachant sous des buissons. Heureusement qu'il était si petit par rapport au Godang géant! Les arbres empêchaient le gigantesque corps du serpent de poursuivre efficacement le fuyard. Avant que Godang eut réussi à se frayer un chemin à travers la forêt, le berger avait gagné une sérieuse avance.

La course folle du puissant serpent et du petit bonhomme

mortel se poursuivit pendant plusieurs journées. Mais tout à coup, le garçon atteignit la fin du monde et il se trouva pris ainsi dans un piège. Impossible de reculer, car il se jetterait tout droit dans la terrible gueule de Godang. Il bondit dans l'air et continua à courir à toutes jambes. Mais dans les airs, il n'y avait plus aucun obstacle ni cachette qui pourrait le sauver devant la mort certaine. Godang regagnait d'ailleurs rapidement du terrain, et déjà le berger sentait le souffle puissant du serpent sur sa nuque. Il n'y avait plus que la Lune qui pourrait lui venir en aide. Le garçon bondit vers elle et se mit à supplier:

— Aide-moi, s'il te plaît, chère Lune, sinon Godang va me dévorer!

— Lune, rends-moi sur-le-champ ce misérable, il m'a jeté des pierres! haleta Godang.

La Lune est d'une grande bonté. Du haut du ciel, elle sourit aux gens et elle ne favorise pas tellement les serpents. Elle aurait tant aimé aider le pauvre pastoureau, mais comment s'y prendre?

— Frère Soleil, qu'en dis-tu, toi? demanda la Lune à son compagnon céleste.

— En effet, le berger a eu tort de jeter les pierres sur Godang, dit le Soleil. Mais qui, je vous le demande, ne protégerait pas ses biens, menacés par un danger? Que le berger donc donne à Godang pour son offense sa récolte d'une année, mais le serpent ne doit pas attenter à sa vie!

— As-tu entendu? se retourna la Lune vers Godang. Moi-même je m'associe à la décision du Soleil. Je trouve très suffisant que le berger te paie avec tout ce dont il a besoin pour subsister!

— Houuuaah! enragea Godang, ces quelques misérables paniers de riz et un petit tas de noix de coco devraient laver l'offense du berger? Non, je veux son sang!

Mais la Lune n'était pas d'accord, à son tour. Personne ne savait plus comment régler ce différend. Un silence régnait, perturbé par le sifflement sinistre de Godang. La Lune scruta le monstrueux serpent, et son front se couvrit de rides. Enfin, elle déclara:

— Ce petit bonhomme, qui tremble ici devant toi de peur, Godang, vit bien plus honnêtement que toi. Il cultive juste assez de riz pour pouvoir manger à sa faim, et il mène les bêtes aux prés, pour qu'elles lui donnent le cuir pour se vêtir et le lait pour étancher sa soif. Et toi, qu'est-ce que tu fais? Tu égorges les animaux sans avoir faim, et maintenant tu voudrais avaler ce petit garçon, rien que pour donner libre cours à ta haine innée...

— Je le veux, je le veux! s'obstinait Godang. Il m'a jeté des pierres!

— Je ne te le donnerai pas, Godang, sourit amèrement la Lune. Mais à sa place, je vais te proposer une bouchée bien meilleure. Tu n'as qu'à m'avaler!

Tout le monde sait que lorsque la Lune prononce une sentence, c'est sans appel. Mais pour ne pas revenir tout de même bredouille, Godang s'était vraiment mis à grignoter la Lune, et vous-mêmes, vous pouvez constater à quel point il s'en régale. Pendant plusieurs journées Godang avale par petites bouchées la Lune jusqu'à ce que celle-ci disparaisse entièrement dans son ventre. Mais elle pèse si lourd dans son estomac que le serpent doit bon gré mal gré la rejeter. Ainsi, dans sa gueule apparaît d'abord une petite serpe, qui ne cesse de croître, et au bout de quelques jours, toute la tête souriante de la Lune roule à nouveau dans le ciel.

La nuit tombe, les bergers ont déjà fini de traire leurs bêtes, et en buvant le lait chaud dans des écuelles en noix de coco, ils contemplent la pleine lune.

La couleur de la lune et celle du lait se ressemblent étrangement.

La Lune et la belle Rohini

Un jour, le grand Daksha, maître de tous les êtres, fit venir la Lune.

— Ma tâche est devenue au-dessus de mes forces, lui dit-il. Aussi, je te désigne comme seigneur de la nuit. Tu auras comme emblème un lièvre, auquel tout le monde te reconnaîtra.

La Lune entra dans son immense royaume. Comme tout y était plongé dans la plus profonde obscurité, chacun, fût-il aveugle, put y remarquer la présence du nouveau maître. Celui-ci tirait beaucoup de vanité de son blason avec le lièvre aux longues oreilles, cadeau de Daksha, aussi l'appelle-t-on depuis ce temps-là «Porteur du lièvre».

Il était bien immense, ce royaume de la Lune, mais il n'y avait âme qui vive. Pas la moindre petite lumière ne clignotait dans les ténèbres, pas la moindre voix ne s'y faisait entendre. Toujours seule, la Lune se tenait au milieu de la vaste et sombre voûte céleste et bientôt, elle en eut assez de régner de la sorte. Elle retourna auprès du créateur Daksha, afin de se démettre de ses fonctions.

— Grand Daksha, dit l'Astre de la nuit, il est vrai que les gens sur la terre ont déjà remarqué mon blason! Il est aussi peut-être vrai qu'ils me tiennent en plus grande estime que le Soleil. Celui-ci les fait souffrir de soif, les brûle trop de sa chaleur écrasante, tandis que ma pâle lueur les invite à la danse et à l'amour. Mais à quoi bon tout cela? Je m'ennuie, ô puissant créateur!

— Jamais je ne reviens sur mes décisions, lui répondit Daksha d'un ton péremptoire. Tu resteras maître de la nuit. Mais pour dissiper ton ennui, je vais te donner quelques-unes de mes filles qui égayeront ta solitude.

Et Daksha fut généreux. Vingt-huit jeunes filles, plus belles les unes que les autres, vinrent rejoindre l'Astre dans sa nuit noire. Toutes s'appelaient Naksatra — Constellation.

Vite, elles s'égaillèrent sur toute la coupole céleste et se mirent à danser. L'Astre de la nuit passait de l'une à l'autre en les examinant avec un grand plaisir. Mais celle d'entre elles qui portait sur l'épaule une grande étoile brillant d'une lueur rougeâtre, lui semblait être la plus belle de toutes. On appelle cette étoile Aldébaran chez nous, mais l'Astre de la nuit ne savait pas quel nom lui donner.

Par contre, il s'était aperçu que la belle jouvencelle à l'étoile surpassait toutes ses sœurs à la danse. Lorsqu'elle dansait, ses bras graciles s'élevaient tout doucement comme de frêles tiges de bambou, rafraîchies par la pluie. Et de ses mains, les doigts s'épanouissaient comme les fins pétales de la fleur de lotus.

— Comment t'appelle le grand Daksha, ton père? souffla amoureusement l'Astre de la nuit.

— Je suis Rohini, fut la réponse, résonnant dans le ciel.

— Tu es belle, Rohini, tu es la plus belle de tes sœurs. Tu es aussi souple et élancée qu'une liane, et aussi parfumée que le bois de santal. Je t'aime.

Depuis cette nuit-là, il est vrai, l'Astre continua à se promener par tout le ciel, en observant la danse des jeunes filles Naksatra, mais le plus clair de son temps, il le passait auprès de la belle Rohini et il finit par la prendre pour épouse. Les sœurs s'aperçurent bientôt que l'Astre de la nuit avait une préférence pour l'une d'elles, ce qui les offensa beaucoup.

«Est-ce que nous n'avons pas les jambes et les bras aussi sveltes? Et nos yeux? N'ont-ils pas le même éclat que les siens?» se disaient-elles les unes aux autres. «N'avons-nous pas sur nos corps autant de bracelets et de colliers qu'elle?»

Mais l'amour aveugla l'Astre de la nuit. Il s'attardait auprès de Rohini de plus en plus longtemps; à peine s'arrêtait-il encore auprès des autres. Une nuit, les belles Naksatra en eurent assez et retournèrent auprès de Daksha.

— Père, nous en avons assez, de l'Astre de la nuit! s'exclamèrent les vingt-sept filles courroucées. Garde-nous chez toi! Plutôt jeûner et passer tout notre temps en prières ici, que de regarder l'Astre de la nuit embrasser Rohini et le voir passer comme un éclair devant nous!

Dans tout ce vacarme Daksha ne savait pas à laquelle prêter d'abord l'oreille et ce fut à grand-peine qu'il comprit ce qui leur était arrivé. Immédiatement, il fit mander l'Astre de la nuit et lui dit:

— Ce n'était pas pour que tu courtises une seule de mes filles, en tournant le dos aux autres, que je te les ai envoyées. Partage équitablement tes sourires entre toutes mes filles!

Puis il ordonna à ses filles, froissées, de retourner d'où

elles venaient et il pensa que tout reviendrait en ordre. Mais d'ordre, point! L'amour et la prudence ne sont pas faits pour aller ensemble. Et l'Astre de la nuit était éperdument amoureux. Il continua à s'éterniser auprès de Rohini et les autres en faillirent suffoquer d'envie. Une nuit, incapables de résister plus longtemps, elles s'en retournèrent pour la seconde fois chez leur père.

— Je t'ai pourtant déjà dit comment te conduire, dit Daksha à l'Astre de la nuit, après l'avoir convoqué à nouveau. Prends garde! Si cette fois-ci encore tu ne m'obéis pas, malheur à toi!

La nuit suivant, l'Astre se garda bien de négliger l'avertissement de Daksha: il s'arrêta longuement auprès de chacune des sœurs, se divertissant à leur danse. Mais bientôt, il oublia la menace et il porta à sa belle Rohini un amour encore plus grand. Pour la troisième fois, les Naksatra s'en allèrent dans la demeure paternelle, mais décidées cette fois, à ne plus retourner auprès de l'Astre de la nuit.

«Ne m'offense-t-il pas moi-même, l'Astre de la nuit, en favorisant une seule de mes filles et en se comportant avec les autres comme si elles n'étaient pas filles d'un dieu?» se dit à part soi Daksha. Et sans plus échanger un seul mot avec la Lune, il envoya sur sa tête le châtiment promis. La Lune se mit à dépérir, en proie à une brusque langueur. Elle se consumait à vue d'œil et personne ne parvenait à la guérir. C'était en vain qu'elle offrait à Daksha des sacrifices et faisait de grandes promesses. La terrible maladie continua à la ravager et à la diminuer d'un jour à l'autre.

Seulement, avec l'Astre de la nuit tombèrent malades sur terre toutes les herbes médicinales qui tiraient leur force des rayons lunaires. Même les autres plantes perdirent leur parfum, les fleurs ne s'ouvraient plus, l'herbe se desséchait, la sève se perdait dans les arbres. Dès que ce premier désastre se fut produit, les animaux, qui se nourrissaient des plantes, se mirent à dépérir, à leur tour. Et comme la viande des animaux est la nourriture des hommes, ceux-ci succombèrent à la même maladie que la Lune.

Effrayés, les dieux observaient la cruelle métamorphose de la terre et de tous ses habitants. Ils se rendirent alors chez l'Astre de la nuit pour s'enquérir de ce qui lui était arrivé et chercher comment le sauver.

— Ah, plus rien au monde ne pourra me guérir, gémit le Maître de la nuit. Daksha m'a puni d'avoir aimé la belle Rohini et d'ici quelques jours, je vais mourir de phtisie.

Les dieux se rendirent aussitôt chez Daksha pour l'avertir.

— Il n'y a pas que la Lune qui est en train de dépérir, ô grand créateur; les plantes et avec elles les animaux et enfin les hommes même s'éteignent, à leur tour. Dis-nous, Daksha, sur quoi allons-nous régner quand le monde entier aura péri? Et, à la fin, sera-ce notre tour de mourir? Nous te supplions de lever ta malédiction et de rendre la santé au Maître de la nuit!

— Il a outragé mes filles et par là, moi-même, rétorqua Daksha avec indignation. Et comme vous ne l'ignorez sans doute pas, je ne reviens jamais sur ma décision. Mais pour vous être agréable, en vous voyant ainsi intercéder en sa faveur, je suis tout de même disposé à restreindre le pouvoir de ma malédiction, si l'Astre de la nuit consent à obéir et comble des mêmes faveurs toutes mes filles. Et quand j'aurai la certitude qu'il se divertit à la danse de toutes les Naksatra sans préférence pour aucune d'elles, il ne souffrira de sa maladie que quinze jours durant et il se rétablira dans la quinzaine suivante. A chaque fois qu'il s'approchera de sa fin, il descendra dans le fleuve sacré Sarasvati et ses flots lui rendront la force.

Ainsi parla Daksha, le grand créateur et Maître du monde. Et il était grand temps, car la Lune était déjà aussi mince qu'un fil de soie. Personne ne l'aperçut la nuit suivante sur la sombre voûte des cieux; elle était en train de prendre un bain dans le fleuve Sarasvati, qui prend sa source dans les montagnes sacrées et se perd au loin dans un désert aride. Mais dès le lendemain, elle réapparut dans le ciel, devenant d'une nuit à l'autre de plus en plus vigoureuse; au bout de quinze jours, elle était aussi fraîche et bien portante qu'auparavant.

Oh, si seulement l'Astre n'avait plus à souffrir pendant la quinzaine suivante de phtisie, dont la terrible malédiction l'accablait toujours! Une fois de plus, Daksha fit la preuve de sa grande sagesse divine: la réapparition périodique de la maladie continua de lui rappeler comment se conduire avec les danseuses célestes. Dorénavant, l'Astre passait une nuit entière auprès de chacune et comme il y en avait vingt-huit, il lui fallait juste un mois pour faire le tour de toutes... Oh, maudit Astre infidèle! Ne vois-tu pas le chagrin de ta belle Rohini? Ignores-tu à quel point elle jalouse ses sœurs, quand tu te réjouis de leur danse, tandis qu'elle doit attendre si longtemps son tour? Il ne lui reste qu'une consolation, à la pauvre: sur terre, elle est devenue la patronne de tous les amoureux. Le soir, quand ils se serrent les mains dans l'obscurité, ils lèvent les yeux vers elle et, à travers les feuilles des palmiers, ils regardent la claire étoile luisant sur son épaule.

L'Horloge céleste

«L'Horloge céleste est comme la pendule,
Le jour, tu la vois bien, mais vraiment tu n'entends rien.
Alors que la nuit tu écoutes son battement, pareil un cœur gigantesque.»

Christian Morgenstern

Comment les oiseaux soulevèrent le ciel et comment naquit la nuit

Jadis, il y a de cela fort longtemps, les oiseaux ne pouvaient pas voler aussi aisément qu'aujourd'hui. Dès qu'ils s'élevaient dans les airs, ils se heurtaient au bleu de la voûte céleste. C'est qu'à cette époque-là, le ciel était suspendu très bas, tout près de la terre, et dans cet espace restreint, les oiseaux se sentaient comme enfermés dans une cage.

Ils s'étaient donc tous rassemblés, pour délibérer, et à l'issue de ce grand conseil ils décidèrent de soulever la coupole céleste. Bien entendu, pour un oisillon seul, le ciel était bien trop lourd. Mais pouvez-vous seulement imaginer ce que cela représente comme force, quand tous les oiseaux du monde s'envolent, tous à la fois? A peine s'étaient-ils mis d'accord qu'aussitôt des nuées d'oiseaux se mirent à voltiger dans les airs. Les grands et les petits, les vautours, les aigles — même les colibris. Et tous, de concert, se dirigèrent vers le ciel qui les empêchait de voler à leur guise.

— Je ne bougerai pas! s'entêta le ciel. Je ne bougerai pas d'un pouce. Je veux regarder de près les arbres et les gens, je veux me mirer dans l'eau des rivières.

— Ouffff, il te faudra bien pourtant nous céder la place, sinon, nos ailes vont se rabougrir, reprenait le chœur des oiseaux. Au début, ce fut vainement qu'ils s'appuyèrent de leurs corps minuscules contre le ciel; mais au bout d'un certain temps, le ciel ne put plus résister à la pression et remonta un peu. Dès que les oiseaux s'en furent aperçus, ils se mirent à battre de leurs ailes en redoublant d'effort.

A la fin, le ciel fut repoussé tellement haut que même l'aigle ou le vautour disposèrent d'un espace suffisant pour leurs promenades aériennes. Epuisés, mais ravis, les oiseaux retournaient à tire-d'aile vers la terre. Mais après s'être posés dans les branchages des arbres, ils remarquèrent soudain une chauve-souris. Elle était là, tranquille, perchée sur une branche, occupée à observer avec beaucoup de curiosité les oiseaux retombant lourdement à terre, complètement à bout de souffle.

— Toi, ça ne te gênait pas que le ciel soit si bas? dirent avec agressivité les oiseaux à la paresseuse.

— Je n'ai que faire de votre ciel, laissez-moi dormir! répondit la chauve-souris avec rudesse.

— Très bien, continue à dormir, espèce d'égoïste, dit le vautour, entrant dans une grande colère. Seulement, à partir d'aujourd'hui, tu ne pourras dormir que la tête en bas!

Voilà donc ce que la chauve-souris garda en souvenir du grand rassemblement des oiseaux et du soulèvement du ciel.

Après tout, même la tête en bas, la chauve-souris pouvait dormir tant que l'envie lui en prenait. Mais pour les hommes il n'en était pas de même. Eux aussi, ils auraient bien aimé se reposer un peu, faire de temps à autre un petit somme. Seulement, la nuit ne tombait jamais — ce qui d'ailleurs, en soi, n'a rien d'étrange, car il n'y avait pas de nuit. Le soleil brillait sans relâche rendant ainsi tout sommeil pratiquement impossible.

— Quand j'étais encore tout petit, dit le plus vieux des hommes de la tribu, j'ai entendu nos sages vieillards parler de deux énormes jarres qui enferment les ténèbres de la nuit. Elles se trouvent quelque part dans la forêt vierge, gardées par le puissant esprit de la nuit.

— Nous nous y rendrons et nous libérerons l'obscurité emprisonnée dans ces jarres, proposèrent aussitôt les hommes. Nous nous en approcherons tout doucement, à pas de loup, afin que l'esprit de la nuit ne nous aperçoive pas.

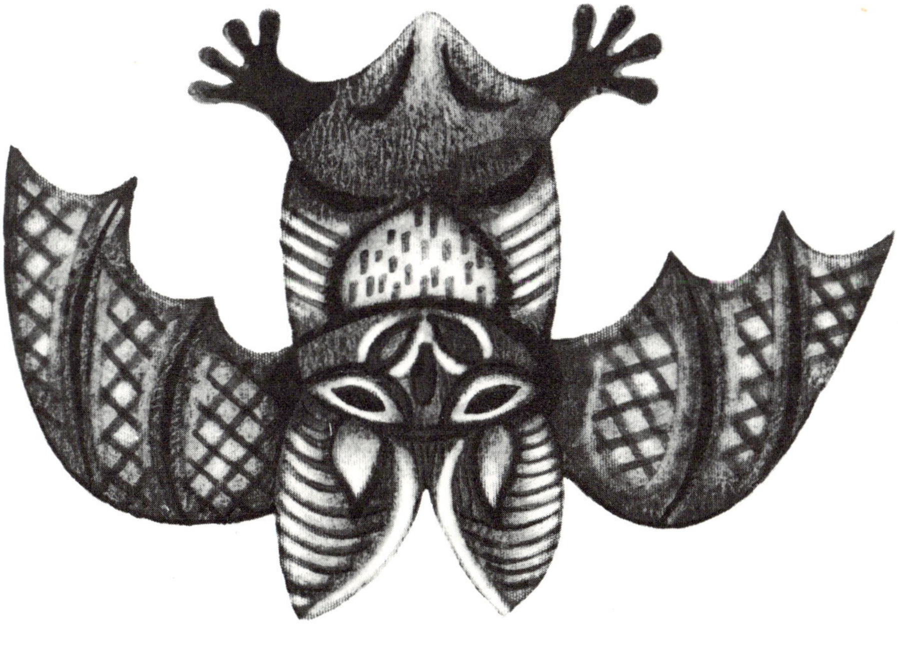

Et sans plus tarder, ils se mirent en route. Ils se frayaient à grand-peine un chemin à travers les forêts profondes, passaient à gué rivières et ruisseaux, grimpaient collines et montagnes vertigineuses, et un beau jour ils parvinrent au but de leur voyage. Devant eux, à portée de flèche, s'ouvrait entre les arbres une petite clairière, au milieu de laquelle se dressaient deux jarres que nul n'avait encore jamais vues. Elles étaient gigantesques, ces jarres, dépassant même le faîte des arbres séculaires. Dans leurs entrailles résonnaient le hululement des chouettes, les cris stridents des singes nocturnes, bref les voix de tous les animaux et oiseaux qui vivent la nuit.

— Visez la moins grande des deux! ordonna le chef.

Aussitôt les abords de la clairière se hérissèrent d'une multitude de flèches et zzzip! — elles sifflèrent dans l'air et allèrent se heurter à la paroi d'argile. Crac! La jarre vola en morceaux et telle la plus noire fumée, les ténèbres en sortirent précipitamment.

— En arrière! dit la voix du chef, soudain angoissée. Sauvons-nous vite, sinon l'obscurité va tomber sur nous et nous transformera en rapaces nocturnes!

Tous se sauvèrent en courant aussi vite qu'ils le purent. Quelle fuite éperdue! Derrière leur dos, ils entendaient les bonds et les cris des animaux libérés, qui, avec la nuit, s'égaillaient dans tous les azimuts. A peine les hommes eurent-ils regagné leur campement et se furent vite aplatis au sol, en fermant les yeux pour être ainsi à l'abri du charme, qu'une épaisse obscurité se répandit, et depuis lors, elle revint chaque jour.

O très doux sommeil! Puisque tu ordonnes aux yeux de se fermer et aux oreilles de ne pas entendre, pourquoi alors, les feux à peine éteints, le jour revient-il aussitôt, et avec lui le pénible labeur? Comment alors s'étonner que les hommes se souvinrent de la deuxième jarre enfermant l'obscurité? Il reste la plus grande qui emprisonne une si grande quantité de ténèbres que même le plus gros dormeur pourrait dormir à satiété. Les revoilà, ces guerriers se mettant à nouveau en rang avec leurs lances et leurs flèches, les revoilà pénétrant dans les antiques forêts, traversant les rivières et gravissant les collines pour délivrer aussi la seconde partie de l'obscurité.

Les guerriers réussirent à atteindre la fameuse clairière, à faire éclater de leurs flèches la seconde jarre. Puis, comme la première fois, ils se mirent à fuir les animaux éveillés et le charme de la nuit. Cependant, un des hommes n'eut pas de chance. Uruwawa était son nom. Dans sa course précipitée, il ne faisait pas attention où il mettait ses pieds, et il trébucha dans la forêt contre une racine et s'abattit de tout son long. Il n'était pas encore tout à fait relevé que déjà l'obscurité l'avait entouré. L'esprit de la nuit, courroucé, à la recherche d'un retardataire, le changea sur-le-champ en un oiseau nocturne — un engoulevent.

Les autres, par bonheur, atteignirent à temps leur demeure et vite, ils se jetèrent sur le sol. Lorsque la nuit les rattrapa, ils avaient tous les yeux bien clos. Depuis lors, toute la tribu se réjouit de la longue durée de la nuit et plus personne ne se plaignit d'avoir trop peu dormi.

De nos jours, même les plus vieux ne sauraient pas dire, à quelle époque les Indiens entreprirent leur grande expédition pour délivrer l'obscurité des jarres gigantesques et pour affronter l'esprit de la nuit.

Nul ne se rappelle plus, non plus, quand les oiseaux soulevèrent le ciel. Comme nous ne comprenons pas le langage des oiseaux, il ne nous vient même pas à l'esprit que ces derniers, à peine sortis de leurs nids, passent leur temps à chanter de ce grand événement.

L'Expédition vers les trois royaumes de la Nuit, de l'Aurore et du Soleil

Sur l'île d'Oahu vivait un chef renommé par sa force exceptionnelle. Quoique personne ne sache manier la cognée avec autant de véhémence que lui, on l'appelait d'un nom un peu ridicule: Plume. Sans doute était-ce grâce à ses bras de fer et ses poings durs comme la pierre qu'il savait défendre son peuple devant l'ennemi et lui faire respecter les lois héritées des anciens. Un jour, il se dit:

«Cher Plume, quelques palmiers éparpillés, une poignée de huttes — voilà ton territoire. Certes, la plus belle des maisons t'appartient et toute la tribu s'incline devant toi; c'est bien joli, tout cela, mais cela ne signifie pas que tout est en ordre et qu'il ne peut en être autrement. Il est grand temps, mon vieux, d'aller jeter un coup d'œil de par le monde pour voir comment sont les autres pays et comment ils sont gouvernés.»

Et sans retard, Plume se mit aussitôt en route. Mais à peine avait-il parcouru un petit bout de chemin qu'il aperçut, au loin, un homme qui sautillait sur une seule jambe, en se lamentant à haute voix:

— Oh, pourquoi ne suis-je pas aveugle! Pourquoi ne suis-je pas seulement aveugle!

— Quelle drôle d'idée tu as là, l'apostropha le chef, après s'être approché de lui. Est-ce que tu ne te plais plus, sur terre?

— Mais si, je m'y plais, seulement, je vois trop bien. Même aveugle, je verrais dans ce monde bien plus de choses que quiconque.

— Comment t'appelles-tu?

— On m'appelle Petit-Œil, chef, répondit l'inconnu.

— Et que vois-tu, par exemple à ce moment, Petit-Œil, puisque tu prétends avoir le regard si perçant?

— Je vois le plus bel endroit du monde. Comme d'habitude, le roi et la reine, souverains de ce pays-là, sont en train de se chamailler. L'épouse du roi est d'humeur terriblement querelleuse, aussi elle passait son temps à critiquer sa façon de gouverner. Elle lui cherchait si souvent querelle qu'ils ont fini par partager le pays en deux royaumes: celui de la Nuit et celui de l'Aurore.

— J'aimerais bien aller voir ce pays, soupira le chef, en proie à l'envie. Que dirais-tu, Petit-Œil, d'entrer à mon service et de m'accompagner jusqu'à ce pays?

Petit-Œil acquiesça et les voilà repartis à deux. Ils n'avaient pas encore beaucoup marché quand ils remarquèrent un individu bizarre.

Aplati par terre, il restait là, immobile, l'oreille collée contre le sol.

— Serait-ce l'herbe que tu écoutes là? l'interpella le chef.

— Allons voyons, quelle idée — écouter l'herbe! Même si j'étais sourd des deux oreilles, j'entendrais toujours mieux et bien plus de choses que n'importe qui! Pour l'heure, je m'amuse à écouter la dispute des époux souverains du royaume de la Nuit et de l'Aurore.

— C'est justement là que nous nous rendons. Joins-toi à nous et tu pourras observer la querelle royale de tes propres yeux.

Fine-Oreille — c'est ainsi que l'homme se nommait — se joignit à Plume et à Petit-Œil et ils poursuivirent leur chemin à trois. Au bout de quelques heures de marche, ils aperçurent un homme attaché solidement au tronc d'un palmier.

— Quel infâme scélérat a osé t'attacher là? s'exclama le chef courroucé et il se mit en devoir de défaire les nœuds.

— Oh! de grâce, ne faites rien, chef, n'y touchez surtout pas! supplia l'homme. C'est de mes propres mains que je me suis attaché là. Dès que vous m'aurez délivré, je me remettrai à courir et aucune force au monde ne pourra m'arrêter.

— A coup sûr, tu t'appelles Jambette! dit le chef, en riant à pleine gorge.

— Dame! Comment le savez-vous? Tant que je le sache, il n'a pas encore été question de mon nom!

— Mais c'est pourtant bien simple, expliqua le chef. C'est ton don exceptionnel qui m'a amené à trouver ton nom. Mes serviteurs que voilà s'appellent bien Petit-Œil et Fine-Oreille; l'un voit jusqu'au bout du monde, et l'autre entend ce qu'on y raconte. Tiens, moi-même, j'ai de la force pour cinq hommes et pourtant on me nomme Plume. Viens avec nous aux royaumes de la Nuit et de l'Aurore et chemin faisant, tu pourras courir et sauter autant que le cœur t'en dira!

Vraiment, il pouvait bondir et courir à en perdre haleine. A peine le Soleil s'était montré le lendemain matin à l'horizon, que Jambette s'élança dans l'air et se mit à sa poursuite.

En moins de temps qu'il n'en faut pour le dire, il le rattrapa, s'en empara et il le serra dans ses bras. Le pauvre Soleil dut le supplier et l'implorer bien longtemps avant qu'il ne consente à cesser ce jeu et retourner près de ses compagnons.

A présent, le chef avait déjà à son service trois solides gaillards, cependant il n'était pas au bout de ses drôles de rencontres. Le petit groupe de nos pèlerins continuait son chemin, quand ils tombèrent sur deux étranges personnages, qui, allongés au bord de la route, étaient en train de s'étreindre aussi fort que s'ils voulaient s'écraser mutuellement. Transi de froid, le premier ne cessait pas de claquer des dents, tandis que l'autre, au contraire, avait le visage brûlant et inondé de sueur. Lorsque Plume leur demanda qui ils étaient et que signifiait leur étrange comportement, les deux compères lui expliquèrent que l'un se nommait Tremblant et l'autre Ardent; alors que le premier était toujours transi de froid, le second étouffait de chaleur. C'est seulement en se serrant de toutes leurs forces l'un contre l'autre, qu'ils arrivaient à résister: l'un réchauffait celui qui avait froid, et l'autre rafraîchissait celui qui avait chaud. Après avoir accepté la proposition de Plume, ils se joignirent aux autres et c'est ainsi que cinq serviteurs et un chef se dirigèrent vers les royaumes de la Nuit et de l'Aurore.

— Chers amis, déclara le chef, il me semble que nous sommes déjà suffisamment nombreux; espérons donc que nous n'allons plus rencontrer sur notre chemin d'autres phénomènes.

Mais il se trompait. Il n'avait pas encore fini de parler que sur la route, juste devant eux, surgit encore un personnage. Et cette fois-ci, non plus, ce n'était pas un être ordinaire. L'homme tenait à la main un arc, et l'une après l'autre, sans relâche, il envoyait des flèches dans tous les azimuts. Il était en train d'abattre les mulots fourmillant dans les prairies avoisinantes et pas une seule fois sa flèche ne ratait son but.

— Permettez-moi de me joindre à vous! demanda-t-il aux compagnons. C'est à désespérer, car par ici, il n'y a plus rien où je n'ai fiché ma flèche. Vous verrez, je pourrai vous être utile. On m'appelle Mouche et aucun animal, aucun oiseau, rien au monde n'échappe jamais à mes flèches.

Croyez-vous que Plume pouvait refuser un gaillard aussi utile? Mouche — le merveilleux archer, Petit-Œil — à l'œil perçant auquel rien n'échappait, Fine-Oreille — qui entendait tout, le coureur Jambette — plus rapide qu'un éclair et enfin brûlant Ardent et frileux Tremblant. Et, à leur tête, Plume, et sa force herculéenne.

C'est ainsi qu'après une longue route ils arrivèrent enfin aux royaumes de la Nuit et de l'Aurore. Tout y était déjà

sens dessus dessous, car l'agile Jambette y avait depuis longtemps annoncé l'arrivée de ses compagnons. Seulement, l'accueil ne fut pas des plus chaleureux. Les gardes armés conduisirent Plume et ses serviteurs sur-le-champ en prison et les surveillèrent avec une grande vigilance. Cela n'affligea pas outre mesure nos sept compagnons. A l'exception de Jambette, ils étaient tous tellement éreintés que, satisfaits, ils s'étendirent sur de larges nattes et s'endormirent aussitôt d'un sommeil profond.

Le lendemain de ce jour-là, les gardiens emmenèrent les prisonniers sur une grande esplanade, déjà noire de monde. Le seul endroit où il restait encore un peu de place se trouvait à côté d'une belle dame, vêtue d'une robe multicolore. En effleurant de temps à autre de ses doigts délicats une guirlande de fleurs de guimauve, elle examina avec beaucoup d'intérêt tout le groupe de Plume.

— Tu as l'air d'être leur chef, dit-elle à Plume, en désignant d'un léger mouvement de tête ses serviteurs. D'où es-tu et qui sont les hommes qui t'accompagnent?

— Tu nous as fait jeter en prison, donc ce serait plutôt à moi de te demander d'abord ton nom, fulmina le chef. Mais ce n'est même pas la peine de te présenter, de toute évidence, c'est toi, la reine du royaume de l'Aurore.

En entendant ces mots, la dame esquissa un sourire, et répliqua:

— Je n'ai point de royaume, chef. Je suis Soleillette, sœur de la reine. D'ailleurs, je n'aurais même pas le temps de régner. A longueur de journée, je m'évertue à réconcilier le roi et la reine, puisqu'ils ne cessent de se disputer.

— Oui-da, j'ai déjà entendu dire cela, dit Plume en hochant la tête. Et pourrais-tu m'expliquer la raison de leur querelle?

— Bien sûr! acquiesça Soleillette. Comme tu peux t'en rendre compte, le roi et la reine ont chacun leurs sujets. Bon, mais ce qui est bien plus important, c'est qu'ils gouvernent aussi le ciel. Tant qu'ils se mettaient d'accord tous les deux, l'ordre régnait partout dans notre pays: ils gouvernaient en harmonie la splendide Nuit, que les sujets préféraient à tout pour chanter et danser. Seulement, ensuite la reine a inventé son Aurore et mêla ses lueurs rosées au règne nocturne. Le roi était tout à fait contre cette arrivée de l'Aurore, mais comme la reine s'entêtait, refusant absolument d'y renoncer, nous nous retrouvions, du coup, avec deux royaumes: celui de la Nuit, et l'autre — de l'Aurore. Depuis, le roi et la reine se disputent sans relâche le gouvernement, tant et si bien que maintenant nous avons tour à tour la sombre nuit et l'aurore, et l'aurore avec la sombre nuit.

— Tout à l'heure, tu m'as dit, Soleillette, être constamment occupée à réconcilier la reine de l'Aurore et le roi de la Nuit. Comment fais-tu? s'enquit le chef.

— J'envoie mon Soleil entre les deux, répondit Soleillette. Mais introduire le Soleil entre deux époux royaux en colère, ce n'est pas chose facile. Ils sont tellement pris par leur querelle qu'ils n'y admettent pas un troisième.

— Il me semble que je saurais rétablir la paix dans ce couple royal, sourit le chef. Le moment venu, je te montrerai comment faire. Mais, où sont-ils, au juste, la reine de l'Aurore et le roi nocturne?

— Sais-tu, chef, que c'est moi qui te poserai cette question? Aujourd'hui, nous célébrons une grande fête et je trouve qu'il serait bon de nous divertir par un jeu. Je te désignerai trois tâches et si tu les accomplis, tu pourras choisir ici ce que bon te semblera.

— Mais c'est très simple, c'est toi que je choisis, princesse Soleillette! s'écria Plume. Où donc ailleurs trouverais-je une plus belle jeune fille pour épouse?

Soleillette baissa les yeux:

— Dis-moi d'abord où siègent le roi et la reine!

La question ne démonta aucunement le chef Plume. Il y avait là son Petit-Œil au regard perçant!

Discrètement, il se pencha vers lui et réclama ses services. Petit-Œil cligna un peu les yeux, regarda rapidement autour de lui, et déjà il faisait son rapport à Plume:

— La résidence du roi et de la reine se trouve dans les racines de cet arbre gigantesque qui se dresse à quelques pas de nous. Mais ce n'est point un arbre ordinaire, chef. Il soutient toute la coupole céleste. Je vois même les astres suspendus là-haut, pareils à des oranges de feu. Si tu retires des racines leur enveloppe d'écorce, tu y découvriras la porte de la maison royale.

— S'il est vrai que le roi et la reine gouvernent le ciel qui s'étend au-dessus de nos têtes, remarqua le chef, en se retournant vers Soleillette, ils habitent à coup sûr cet énorme arbre qui soutient la voûte des cieux.

En disant cela, il s'avança vers l'arbre, arracha des racines un grand morceau d'écorce — et vrai de vrai, une porte apparut à ses yeux.

Puis, d'une violente poussée de son bras, il ouvrit le portail en grand.

Toute honteuse d'avoir perdu, Soleillette s'empressa de lui désigner la seconde tâche, pour dissimuler ainsi son embarras:

— Jusque-là, ce n'était qu'une bagatelle, chef. Mais tu es encore loin d'être au bout de tes peines — cette fois-ci, tu ne gagneras pas aussi facilement. Nous avons trois chiens: le premier appartient au roi, le second à la reine et le troisième est à moi. Tout à l'heure, ils vont sortir pour courir un peu. Lorsqu'ils s'élanceront par la porte que tu viens de découvrir, tu me diras à qui chaque chien appartient.

C'était alors le tour de Fine-Oreille de montrer ce dont il était capable. Il posa son oreille contre le sol, pour entendre les voix des époux royaux. Et comme d'habitude, ils étaient absorbés dans une querelle. Ce fut la voix de la reine que Fine-Oreille entendit d'abord:

— Je te répète, roi, que ce sera mon chien rouge qui sortira le premier et ton chien noir seulement après lui!

— Sûrement pas! riposta le roi. La dernière fois c'est le tien qui est sorti premier. Cette fois-ci, c'est le tour du mien. Si tu veux, tu peux toujours lâcher ton rouge après, et le petit blanc de la princesse partira le dernier.

Ayant entendu cela, Fine-Oreille se tourna vers Plume et lui murmura tout bas de quelle couleur étaient les chiens et qui étaient leurs maîtres. Mais déjà un chien noir surgissait de la porte et après avoir fait le tour de l'arbre, il disparut par la même manière.

— Le noir est au roi! s'écria Plume. Et de crier à nouveau, dès que le chien rouge apparut:

— Le rouge est à la reine!

Enfin le chien blanc fit son apparition sur le seuil de la porte. Et Plume aussitôt de déclarer:

—Le petit blanc est à toi, Soleillette, et quand tu m'auras épousé, moi aussi, je serai son maître. Mais vois-tu, ces chiens indiquent clairement par leur couleur comment faire pour que le règne soit partagé équitablement dans votre pays. Le chien du roi est noir comme la nuit, le rouge de la reine est de même couleur que l'aurore et le tien est blanc comme le jour. Bref, au lieu de vos deux royaumes, vous devriez en avoir trois.

— Mais cela nous mènerait à un désordre encore plus grand qu'auparavant, objecta Soleillette.

— Rien de tel n'arriverait, princesse, sourit mystérieusement le chef Plume. Le moment venu, je te montrerai comment faire.

Le sage et intrépide Plume plaisait de plus en plus à Soleillette, et elle ne semblait pas voir d'un mauvais œil l'idée d'avoir un tel mari. Mais il fallait d'abord qu'il accomplisse la troisième tâche — et aussi la plus difficile. Soleillette entra dans la foule innombrable de ses sujets, occupés à festoyer: dans de larges feuilles de bananier les uns mangeaient la purée de taro, arrosée avec de grandes lampées d'ava parfumée, d'autres préféraient mordre dans des fruits juteux. La princesse choisit deux jolies calebasses et retourna à sa place.

— Et maintenant, nous allons organiser une grande

course, proclama-t-elle. Loin d'ici, au-delà de l'horizon, jaillit de la terre la source étincelante de l'eau de la vie et je désire en boire une gorgée. Désigne un de tes serviteurs qui mesurera ses forces avec la messagère de notre roi. Celui qui aura rapporté l'eau de la vie le premier sera proclamé vainqueur. Mais si notre coureuse gagne, point de mariage, Plume!

Quelle chance pour le chef d'avoir avec lui de si vaillants compagnons! A présent, c'était au tour de Jambette de faire valoir son art. La princesse remit à chacun des deux concurrents une calebasse et la course commença. Dès le départ, les deux concurrents prirent une telle vitesse que bientôt la terre ne leur suffit plus. Aussi s'élevèrent-ils dans les airs pour continuer leur concours dans le ciel. Jambette, ne doutant point de sa victoire, jouait à poursuivre le Soleil, et après l'avoir rattrapé, il l'immobilisa à nouveau dans ses bras. Mais bientôt le rire se figea sur ses lèvres, car la coureuse du roi l'avait dépassé et la distance entre les deux concurrents ne cessait d'augmenter.

— Vite, Mouche! cria Plume. Il faut à tout prix essayer de la retarder avec tes flèches!

Mouche banda son arc et zzip! — une flèche déchira les airs comme un éclair et alla se ficher sous les pieds de la coureuse. Celle-ci, tout effarée, laissa tomber le récipient qu'elle tenait, et avant qu'elle eût repris ses esprits et ramassé la calebasse, Jambette avait regagné le terrain perdu. Les deux coureurs s'étaient tellement éloignés de leur point de départ que personne sur terre ne pouvait les distinguer. Seul Petit-Œil, grâce à son regard perçant, poursuivait désormais le déroulement de la course, et en informait le chef.

— Où en est, notre Jambette? s'enquit au bout d'un petit moment Plume, tout excité.

— Ça va mal, soupira Petit-Œil. Cette sacrée trotteuse a encore réussi à distancer notre compagnon.

Mais encore une fois Mouche lança une flèche qui retarda la coureuse et Jambette put à nouveau regagner du terrain. C'était bien la première fois de sa vie qu'une course lui faisait presque perdre haleine. Mais par bonheur, la source étincelante était enfin là; vite, Jambette remplit la calebasse et déjà il revient comme une tempête vers le point de départ. Mais la coureuse, elle aussi, faisait vite. Sur les talons de son adversaire, elle avait atteint la source, pris de l'eau de la vie dans le récipient et en un rien de temps elle laissait à nouveau Jambette loin derrière elle. Grâce à Petit-Œil, le chef en fut immédiatement averti et une fois de plus il fut contraint à faire appel à Mouche et à ses flèches. Zzzzip! — la coureuse tombe en arrière, la calebasse lui glisse des mains, se renverse et l'eau se répand; mais par chance, il en restait quelques gouttelettes au fond. Sans perdre une minute, la coureuse bondit sur pieds et redémarra à une telle vitesse que bientôt Jambette sentit son souffle sur sa nuque. Mais la course était presque finie.

— Là, vous les voyez, là-haut? demanda le chef, en proie à une grande agitation. Voici Jambette avec sa calebasse et cette lueur argentée devant lui, c'est l'éclat de l'eau de la vie dans celle de la coureuse du roi. Elle a encore dépassé Jambette! Mouche, vite, envoie encore une flèche!

— C'est la dernière, s'inquiéta Mouche. Si celle-ci ne le sauve pas, nous aurons perdu.

Il tendit son arc si fort qu'il faillit craquer et dink! — la dernière flèche était partie plus vite que l'éclair. La femme à la calebasse d'argent fit aussitôt dans le ciel quelques culbutes, tandis que le récipient sautait de ses mains et les dernières gouttes de l'eau de la vie s'étoilaient par terre. Mais entre-temps, Jambette se posait déjà sur l'esplanade devant Soleillette et tendit la calebasse au chef. Celui-ci versa un peu d'eau dans une écuelle de noix de coco et l'offrit à la princesse:

— J'ai gagné! cria-t-il, triomphant. J'ai accompli aussi la troisième tâche et tu vas maintenant devenir mon épouse!

Mais là-dessus, clopin-clopant, la coureuse du roi les avait rejoints. Elle aurait à coup sûr gagné la course, si une force étrange ne l'avait jetée à terre à chaque fois qu'elle venait de dépasser Jambette. Le chef et ses drôles de compagnons devaient y sûrement être pour quelque chose!

— Tu entends, chef? dit Soleillette avec un sourire. Il faut que je sois équitable; je me vois donc obligée de te désigner une tâche supplémentaire: il y a dans notre pays deux endroits où personne ne peut habiter car dans le premier, il fait trop chaud et l'autre, par contre, est plus que glacial. Si tu as, parmi tes serviteurs, quelqu'un capable d'y vivre pendant quelques jours, je te prendrai avec plaisir pour époux.

— Chef, voilà enfin un gîte à ma mesure! Réserve-moi tout de suite ce coin glacé, souffla, au comble d'enthousiasme, Ardent.

— Et pour moi ce pays torride! quémanda Tremblant, tout en claquant des dents.

Ainsi le chef Plume avait réussi à remplir toutes les conditions imposées par Soleillette, et plus rien ne s'opposait à leur mariage. C'est alors que tout commença: le lendemain de son mariage, Plume rendit visite à la reine de l'Aurore et se mit à chanter les louanges de la beauté de l'aurore, pour gagner ses bonnes grâces. Le jour suivant, il alla voir le roi et aussitôt arrivé, il entra en si violente dispute avec lui qu'elle s'entendait presque à l'autre bout de l'île.

— En tant que mari de Soleillette, je ne peux pas rester indifférent à la manière dont tu la traites, roi! vocifera Plume, tout en riant sous cape. Est-ce que tu ne veux pas faire croire que le Soleil qui appartient à Soleillette est tout à fait insignifiant à côté de tes étoiles? D'après toi, la lumière aurait moins d'importance que les ténèbres?

Bref, ce n'était plus une dispute entre un roi fâché et une reine boudeuse; cette fois-ci, deux hommes — le puissant roi de la Nuit et le chef Plume — se tenaient face à face, leurs regards étincelants de colère. Du coup, la reine de l'Aurore ne savait plus de quel côté se ranger. Bien sûr, le roi était bien son mari, mais Plume, lui, contrairement au roi, aimait son aurore. Elle se mit donc en devoir de les réconcilier et depuis lors, il en est ainsi chaque fois que la nuit se querelle avec le jour: l'aurore ne tarde jamais à s'interposer entre ces deux bagarreurs. Dès que la nuit du roi touche à sa fin, et que le jour de Plume et de Soleillette brûle d'impatience d'apparaître, la reine arrive et apaise la dispute par ses magnifiques lueurs teintées de pourpre, si belles au petit matin, lorsque les habitants du royaume s'éveillent. Et au crépuscule, la reine, autrefois si hargneuse, surgit de nouveau à l'horizon aux délicates teintes roses et souffle doucement:

— Calme-toi un peu, cher Plume, arrive le roi de la Nuit, mon époux!

Alors Plume et Soleillette s'en vont gaiement et le chef murmure tout bas à l'oreille de sa femme:

— Ne t'avais-je pas promis, Soleillette, de te montrer comment s'y prendre? C'était cela, mon secret!

Au-dessus des trois royaumes — de la Nuit, de l'Aurore et du Soleil, l'arbre gigantesque continuait à déployer ses branches qui soutenaient toute la coupole céleste. Il se dressait à l'endroit-même, dit-on, où, de nos jours, s'étend la splendide ville de Honolulu; d'ailleurs, il y a sûrement du vrai dans ce que dit la légende, car nulle part dans le monde les innombrables étoiles ne brillent d'un si bel éclat et si près de la terre que dans ce coin du monde.

Eh bien, il ne reste plus qu'à ajouter qu'aucun des extraordinaires compagnons du chef ne l'avait abandonné — à l'exception naturellement d'Ardent et de Tremblant. Heureux, ils vivaient près de lui sous les têtes ondulées des palmiers, en taquinant de temps à autre Jambette au sujet de sa fameuse course.

— Enfin! Pourquoi vous moquez-vous toujours de moi? demandait Jambette, tout froissé. N'est-ce pas moi qui l'ai gagnée, cette course?

— Mais si, bien sûr que tu as gagné... riaient-ils de bon cœur. Seulement, tu pourrais peut-être demander à Mouche quelle en aurait été l'issue s'il ne t'avait pas aidé un petit peu avec ses flèches pour retarder ton adversaire!

Evidemment, Jambette ne pouvait pas supporter une telle moquerie. Depuis ce temps-là, il ne cesse de mesurer, sans répit ni trêve, ses forces avec celles de la coureuse du roi de la Nuit. Le petit Soleil dans les bras, il court à travers le ciel et derrière lui clopine avec la calebasse remplie d'eau argentée, la coureuse royale. Tantôt c'est Jambette qui est en tête, tantôt elle. A vous de juger, qui finira par gagner cette course éternelle.

Pourquoi l'hiver succède-t-il à l'été et comment est apparue la neige

La terre était déserte et peu agréable à l'œil. Les arbres défeuillés et tordus se dressaient comme des moignons vers le ciel et sur leurs branches dépouillées jamais nul oiseau n'était venu se poser. La Misère, la Faim et les Maladies hantaient les demeures alentour où, enfermés à double tour, se blottissaient les gens, passant leurs journées à regarder avec inquiétude le gris éternel du ciel où le soleil n'apparaissait jamais.

Pareille terre sans soleil, sans chansons de moissonneurs et sans chant d'oiseaux ne pouvait plaire au bon Dieu. Aussi tendit-il un jour les paumes de ses mains et dans le creux de chacune apparut comme par enchantement un bel oiseau d'un blanc immaculé.

— Soyez les bienvenues dans le monde, mes hirondelles, dit-il. Je vous nomme messagères de joie et de bonheur. Construisez vos nids à proximité des hommes, que ceux-ci prennent exemple sur vous pour apprendre à aimer la vie et à apprécier le moindre brin de paille!

Les hirondelles déployèrent leurs ailes et descendirent aussitôt sur terre. Là, elles se mirent à se multiplier et bientôt il n'y avait plus une seule maison où un couple de ces blancs oiseaux ne maçonnât leur ingénieux abri sous les corniches.

Plus les hirondelles se multipliaient, plus la terre s'embellissait et les gens trouvèrent le goût de vivre, tandis que les maladies s'allèrent tapir au fond des sombres tanières. Avec des pierres blanches, les gens se bâtirent des maisonnettes neuves et puis ils semèrent du blé dans les champs fraîchement labourés. Oh, qu'il faisait maintenant beau vivre sur terre! D'année en année, des touffes violettes de lavande ne cessaient d'embaumer les airs, sur les coteaux verdoyaient les vignes et les oliveraies, et dans les platanes élancés, sagement alignés aux bords des routes, stridulaient du matin au soir des milliers de cigales.

Mais rien n'est éternel en ce monde — aussi ce paradis terrestre ne fut pas de longue durée. Un fermier, qui venait juste de terminer la construction de sa nouvelle demeure, ne trouva pas à son goût que cette drôle de gent volatile s'empressât immédiatement d'ajouter ses propres édifices sous la toiture. Il s'élança pour chercher sa canne et crac! — d'un grand coup de bâton, il abattit les nids d'hirondelles par terre. Effrayées, les hirondelles se mirent à virevolter bruyamment au-dessus de la maison, tandis que sur le sol, dans les brindilles éparpillées du nid, les oisillons, à peine couverts de leur premier duvet, agitaient leurs petites ailes.

Les hirondelles ont les ailes rapides. Avec la rapidité de l'éclair, la nouvelle de l'ignoble acte du méchant homme se répandit d'un village à l'autre, d'un pays à l'autre. Le lendemain, partout dans le monde, s'élevèrent dans les airs des nuées d'oiseaux blancs, pour disparaître aussitôt après dans le ciel, sans laisser aucune trace. Tout d'un coup c'était comme si quelqu'un avait agité au-dessus de la terre une baguette magique: rapidement, les arbres s'effeuillèrent, le ciel se mit à déverser des torrents d'eau glacée, le vent du nord soufflait à en arracher les oreilles. Et dans ces éléments déchaînés, les Maladies recouvrirent d'autant mieux leur courage perdu, sortirent de leurs repaires et s'en allèrent à nouveau frapper à la porte des maisons.

Les gens comprirent que la disparition des vols d'hirondelles pouvait bien être à l'origine de leurs nouveaux malheurs, aussi se mirent-ils à supplier et implorer le bon Dieu de leur rendre ces blancs oiseaux. Pour cette fois, Dieu se laissa attendrir, et bientôt, la voûte céleste se couvrit de bandes blanches d'oiseaux, qui descendaient doucement vers la terre. Sur leurs ailes, ils apportèrent un nouveau printemps, qui sans doute aurait régné sur terre jusqu'à nos jours, si, une fois de plus, les hommes n'avaient pas mal agi.

La peur s'empara des gens — la peur que les hirondelles puissent disparaître à nouveau dans le ciel, et avec elles, leur bien-être. Une nuit, alors que les hirondelles sommeillaient, les habitants de la terre les capturèrent toutes, sans exception, et les enfermèrent dans une haute tour, faite de gros blocs de pierre.

Dès que le jour commença à poindre, les hirondelles s'éveillèrent et comme d'habitude, elles s'apprêtèrent à s'envoler pour aller chercher la nourriture de leurs petits oiselets. Mais à peine eurent-elles battu des ailes, que déjà elles se heurtaient à la solide muraille. Dans la tour, bientôt, ce ne fut qu'une grande pagaille. Des milliers et des milliers d'oiseaux y poussaient des cris stridents, voltigeaient dans tous les sens, en frappant les murs de leurs ailes et de leurs minuscules becs.

Comme c'est le cas dans beaucoup de prisons, les gardiens sont de bien rudes gaillards qui n'ont pas froid aux yeux. Et ceux de la tour de pierre ne faisaient pas exception à la règle.

— Quoi! s'exclamèrent-ils en proie à la plus grande colère, ces blancs et chétifs oiseaux osent troubler notre sommeil alors que nous venons tout juste de vider nos cruches et de terminer notre partie de dés?

Hors d'eux, ils grimpèrent dare-dare au sommet crénelé de la tour, et se mirent en devoir d'entailler les ailes à toutes les hirondelles, jusqu'à la dernière. Ce faisant, ils riaient à en perdre haleine et, sur l'air d'une quelconque chanson à boire, ils entonnèrent ensuite ce couplet:

«... hop et clic — et voilà tout de suite,
le monde rempli de plumettes blanches,
ha, ha, ha, ho, ho, ho...»

Et vraiment! Le vent se leva, éparpillant de tous côtés de petites houppes de plumes d'hirondelles. Seulement, le vent devint de plus en plus froid jusqu'à ce qu'il se transformât en bise glaciale. Alors les gardiens redescendirent en grande hâte à leur poste et s'empressèrent de faire le feu dans la cheminée. La pluie d'innombrables houppettes blanches tourbillonna encore quelques instants dans le vent, et puis elle alla se poser à terre, de sorte que celle-ci était devenue soudain toute blanche. Ce fut ainsi que la neige vint au monde! même les branches des arbres effeuillés ployaient sous une couche épaisse de neige.

Sans cesser leurs lamentations désespérées, les hirondelles séquestrées dans la tour continuaient à frapper de leurs petits becs tant et si bien qu'une fissure s'ouvrit dans le mur. De l'extérieur, la bise s'appliquait à seconder l'effort des hirondelles. Et dès l'instant où le vent du nord eut pénétré à l'intérieur par la fissure, les ailes des hirondelles guérirent et les oiseaux purent céder la place au vent. Telles les petites abeilles qui quittent précipitamment l'entrée d'une ruche, les hirondelles s'élancèrent, l'une après l'autre, hors de la tour, pour disparaître dans le ciel.

Ainsi pour la seconde fois, les gens implorèrent Dieu de renvoyer les hirondelles sur terre. Mais ce dernier n'exauça leurs prières qu'en partie. Dans les vignes, les raisins ne mûrissent plus tout le long de l'année, comme auparavant. Le doux murmure des rivières ne chante plus l'éternel été; chaque année vient un moment où l'herbe de leurs berges jaunit d'abord, pour mourir au bout d'un certain temps. Et pour éviter que les gens n'oublient encore, l'hiver avec sa bise glaciale et ces blanches plumes d'hirondelles viennent leur tenir compagnie pendant de longs et longs mois. Et lorsqu'enfin les hirondelles apportent le printemps, leurs ailes sont toutes noires, pour rappeler aux hommes qui se réjouissent au milieu de la nature en fleur, que six mois plus tard reviendra sur terre le triste règne de l'hiver.

Ce que pense Hodja Nasreddin

du ciel et de la terre, du jour et de la nuit, de la lune et des étoiles

Hodja Nasreddin était le plus grand de tous les malins. Il n'était pas de ces sages qui tirent et lissent longtemps leur barbe, hochent la tête, et puis tiennent quelque propos si savant que personne ne les comprend. Hodja Nasreddin n'était jamais pris au dépourvu. Et sans incantations mystérieuses et longues explications.

Personne ne s'étonna, donc, si Nasreddin connaissait même les astres et les comprenait comme il sied à un vrai habitant de la terre.

Une nuit Hodja alla chercher de l'eau au puits. Il se pencha au-dessus de la margelle et se figea aussitôt d'étonnement: tout en bas, sur la surface de l'eau, brille la pleine lune comme une galette qui vient de sortir du four.

— Oh la! tu n'as pas de chance, ma pauvre petite lune, dit Hodja. Il faut que je t'aide sur-le-champ, sinon tu vas te noyer!

Il courut à la maison chercher une corde, puis y attacha un crochet et le fit descendre dans le puits. Le crochet s'accrocha au fond sur une pierre, et Hodja trouva tout de suite une bonne explication:

— Tiens, la lune vient de s'y accrocher! Je peux tirer...

Et il tira. Il tira si fort que la corde se coupa et que Hodja tomba en arrière, en s'étendant de tout son long. Mais cela ne l'affligea nullement, tout au contraire, un grand sourire illumina son visage. D'après vous, que venait-il d'apercevoir au-dessus de sa tête, dans le ciel?

— Oh! si tu savais, petite lune, comment je suis heureux de t'avoir sortie de ce gros embarras! dit-il. J'en suis presque à bout de souffle, mais toi, tu te portes comme il faut.

D'ailleurs, la lune ne tarda pas de le récompenser pour son gentil service. Une nuit, Nasreddin fut réveillé par un drôle de bruit qui provenait du toit de sa maison: un voleur tentait de s'introduire à l'intérieur. Hodja écouta un moment, et

puis, se doutant qu'il y avait un voleur sur le toit, se retourna vers sa femme et dit à très haute voix:

— Imagine-toi, ma petite femme, à quel point cette lune peut être parfois utile: hier soir, je rentrais à la maison par notre toit. J'ai fait d'abord dûment ma prière, puis je me suis accroché à la petite natte des rayons de la lune, et tout doucement, je me suis laissé glisser jusqu'en bas, dans la pièce!

Le voleur avait entendu ses paroles. En vitesse, il débita une petite prière à Allah, puis il attrapa un petit faisceau de rayons lunaires, et boum! — à grand bruit il tomba au milieu de la pièce, en s'étalant à terre. Hodja s'y tenait déjà prêt. Il ligota le voleur avec son propre turban et ensuite il ordonna à sa femme d'allumer la lumière.

— Tu m'as bien dupé avec tes histoires sur la lune, effendi, mais je ne te le reproche pas, marmotta le voleur prisonnier. J'aurais pu me servir de ma tête. Mais, je ne comprendrai jamais pourquoi tu m'as fait d'abord réciter cette petite prière?

Depuis ce jour-là, Hodja ne laissa personne faire tort à la lune, partout il la protégeait comme un meilleur ami, en vantant sa beauté et en lui attribuant les plus extraordinaires capacités.

Un jour, alors qu'il pleuvait des cordes, Hodja labourait son champ. Au soir, quand il fut de retour à la maison, sa femme se précipita pour lui retirer ses babouches trempées et les accrocha ensuite au-dessus du feu pour les faire sécher. Mais son geste fit entrer Hodja en une grande colère. Il dit à sa femme:

— As-tu perdu la raison? Crois-tu que l'on a de l'argent de

reste pour laisser griller les chaussures sur le feu comme un rôti? Va les accrocher tout de suite devant la maison; la lune y brille si fort que l'on se croirait en plein jour.

La femme hocha la tête, mais n'osa pas le contredire.

Elle accrocha les chaussures devant la maison, comme il le lui avait ordonné. Quand elle les lui rapporta, le lendemain matin, elles avaient été cinglées par le vent et durcies par le froid. Hodja les examina et puis, tout content, il s'écria:

— Vois-tu, femme? La lune n'a pas fait que les sécher; grâce à ses rayons lumineux, elles sont même devenues dures comme des pierres!

Mais il faut bien dire qu'il arrivait à Hodja de jalouser son compagnon céleste! Par exemple, Hodja avait l'habitude de se rendre de temps en temps à la foire de Siwri-Hissar. Une fois, c'était justement le dernier jour du ramadan, il arriva dans cette ville, quand la nuit venait de tomber. Sur la grand-place, des foules de croyants attendaient de voir apparaître sur le ciel la mince petite serpe de la nouvelle lune. Ce signe marquerait le commencement d'une très grande fête.

Hodja contempla quelques instants ce grand rassemblement des gens aux têtes tournées vers le ciel, et lorsque la petite serpe apparut, il s'adressa à la foule:

— Pourriez-vous me dire, des fois, pourquoi cette espèce d'astre tout maigre vous plaît-il tant? Vous savez, chez nous, nous avons la lune aussi grande que la roue d'un chariot, et pourtant, personne n'y prête attention. Et vous, vous vous prosternez devant elle, alors qu'elle n'est pas plus grosse qu'un brin de paille!

Mais une autre fois, Hodja par contre réussit à flatter les habitants de Siwri-Hissar au plus haut point. Il y monta sur une chaire et déclara:

— Chers croyants, chez nous, nous avons un ciel très beau. Mais il faut que je vous dise que celui que vous avez ici, est aussi beau que le nôtre.

— Comment es-tu arrivé à cette conclusion? demanda un des croyants.

— Bah, c'est un jeu d'enfant! répondit Hodja. J'ai bien regardé, chez nous, combien il y avait d'étoiles dans le ciel. Et imaginez-vous qu'ici, vous en avez exactement autant!

Nasreddin savait donc compter les étoiles, sauver la lune même d'une noyade certaine et attribuer à ses rayons un pouvoir que nous attribuons — mais sûrement par erreur — au soleil. Mais ce n'est pas encore tout.

Un jour, alors que Hodja se promenait dans les prés, il rencontra un berger, qui lui adressa la parole.

— Effendi, sais-tu lire et écrire?

— Bien sûr que oui! mentit Nasreddin.

— Alors tu dois sûrement être bien sage et tu sauras

m'expliquer une chose. J'ai déjà posé ma question à beaucoup de gens savants comme toi, mais tous m'ont ri au nez.

— Et qu'est-ce qui te tourmente à ce point, jeune homme? l'invita à se confier Hodja.

— Bon, écoute. Tout d'abord, la lune est aussi mince qu'une serpe, mais elle ne cesse de grossir. Au bout de quinze jours, elle est aussi grande et ronde qu'une roue de chariot. Mais ensuite, elle se remet à maigrir, pour disparaître complètement, à la fin de la quinzaine suivante. Puis, à la place de l'ancienne lune en apparaît une nouvelle et ainsi de suite, sans arrêt, sans arrêt. Pourrais-tu me dire, s'il te plaît, ce qu'elles deviennent, les vieilles lunes?

— Hem, hem, marmonna Hodja, ce n'est vraiment pas facile. Mais sois heureux de m'avoir rencontré, car nul autre ne voit aussi bien dans le ciel que moi-même. Eh bien voilà, chef berger, les vieilles lunes éclatent en morceaux, et ces éclats se transforment en éclairs. Lorsque gronde le tonnerre, toi-même, tu dois sûrement t'apercevoir que la réserve abritant les vieilles lunes s'ouvre, et que leur feu se répand ensuite à travers le ciel!

— Tu es vraiment un grand savant, effendi, s'émerveilla le berger. J'ai l'impression que je devrais m'attaquer, moi aussi, à l'apprentissage de la lecture et de l'écriture.

Néanmoins, il est certain que Hodja n'avait pas toujours la même opinion, en ce qui concerne la disparition des lunes. Un jour, on lui posa la même question que le berger:

— Les vieilles lunes disparaissent et les nouvelles apparaissent. Que deviennent-elles, au juste, les vieilles lunes, Hodja?

— Que voudrais-tu qu'elles deviennent? Elles éclatent en morceaux, voyons! avait tout de suite dit Hodja qui avait toujours une réponse en réserve.

— Et que deviennent-ils, ces morceaux, s'il te plaît?

— Voyons, voyons, des étoiles! expliqua Hodja. Tu n'as pas encore remarqué que le ciel est déjà couvert des éclats de ces lunes brisées?

Comme dans beaucoup d'autres pays, dans la patrie de Nasreddin les gens croyaient que les étoiles, sous lesquelles un homme était né, déterminaient son destin.

Un jour, les amis de Nasreddin lui avaient demandé sous quelle constellation il était né.

— Dans le signe du Chevreau, répondit Hodja.

— Tu te trompes cette fois, Hodja, objecta un de ses amis, à ma connaissance, il n'y a pas de signe du Chevreau!

— C'est-à-dire... sourit Hodja, à cette époque-là, c'était bien un Chevreau. Mais comme depuis le jour de ma naissance une bonne quarantaine, que dis-je, une cinquantaine d'années se sont écoulées, le Chevreau est devenu, entre-temps, du moins je l'espère, un puissant Capricorne.

— O Hodja, tu es vraiment très rusé! riaient les amis. Tu sais lire dans les astres, mais nous allons maintenant te poser une question à laquelle tu ne sauras sûrement pas répondre...

— Qu'est-ce que c'est? demanda doucement Nasreddin et une étincelle brilla dans ses yeux.

— Les gens vont et viennent sur terre, sans répit. Ils s'installent dans les endroits les plus divers. Pourquoi ne restent-ils pas tous ensemble, dans un coin où il fait particulièrement beau?

— Cela ne serait pas possible, expliqua avec un air grave Hodja. Si tous les gens se rassemblaient en un seul endroit, et tous avançaient dans la même direction, la Terre basculerait d'un côté, et tous ces gens rouleraient sur le sol, en faisant des cabrioles.

L'histoire de Hodja et de ses coqs est aussi digne d'être racontée. Ces sacrés coqs le tiraient toujours de son sommeil alors qu'il faisait encore nuit, et Hodja ne pouvait jamais dormir à son gré. Il décida donc de les vendre. Aussitôt dit, aussitôt fait. Il enferma les coqs dans une cage — et, en avant, à la foire de Siwri-Hissar. Il marchait d'un bon pas sur la route, le soleil brillait gentiment au-dessus de sa tête, et Hodja avait tout à coup envie de chanter. Mais il n'en était pas de même pour les coqs. Sans pousser un seul cri, ils restaient perchés, tout abattus, dans la cage. Hodja fut soudain saisi d'une grande pitié pour ses coqs!

— O mes pauvres petites bêtes, je vais vous laisser sortir pour un moment de la cage, décida-t-il.

Mais à peine eut-il ouvert la petite porte de la cage que les coqs s'égaillèrent de tous côtés. Hodja saisit un bâton et à grand-peine, il se mit à les rassembler. Toute sa bonne humeur s'était dissipée. Dans ses bras, il souleva le coq qui semblait être le chef, et lui dit, bien en face:

— Alors, c'est du propre! Au milieu de la nuit noire, tu vois déjà que le matin viendra, et à la clarté du jour, tu ne vois même pas par où passe la route?

Voilà, il était comme ça, ce grand rusé de Hodja Nasreddin! Je voudrais bien savoir sur quoi les astronomes dirigent les tubes de leurs longues-vues, quand Hodja voit et sait résoudre tout grâce à un simple coup d'œil! Et toujours sans se tromper, naturellement.

Les Visiteurs célestes

«Entre le Soleil et nous s'étendent les ténèbres et c'est pourquoi l'atmosphère apparaît bleue.»

Léonard de Vinci

Savez-vous où reposent les jambes de l'arc-en-ciel?

Atsosi Bagani était un garçon solitaire. Il vivait au bord d'un grand fleuve dans une petite hutte dont l'intérieur était tapissé de plumes d'oiseaux. De ces mêmes oiseaux, qui représentaient sa principale nourriture. Il allait les chasser loin dans les prairies, et il les traquait pour survivre avec beaucoup d'acharnement. Comme il passait le plus clair de son temps avec les oiseaux, il apprit leur langage d'une manière si parfaite qu'il pénétrait les intentions d'un aigle ou d'une alouette de prairie, au seul son de leurs cris.

La solitude avait appris à Atsosi Bagani encore bien d'autres choses. Il comprenait aussi le murmure du vent qui se précipitait au-dessus de la prairie, et savait ce que la terre lui répondait par le bruissement de l'herbe. Pourtant, une chose échappait toujours au jeune chasseur: la discussion entre la mère Terre et le Soleil pourpre, lorsque, au soir, celui-ci descendait vers l'horizon et allait se blottir dans les bras de la Terre.

Cependant, un jour, alors qu'Atsosi Bagani préparait comme à son habitude son déjeuner d'oiseaux, le Soleil et la mère Terre, en personne, lui rendirent visite. La mère déclara:

— J'ignore si c'est à moi que tu appartiens, ou à l'empire des airs. Mais jusqu'à présent tes pieds touchent la pierre, le sable et l'herbe, et tu dois obéir aux mêmes lois qu'observent les autres hommes. Tu dois prendre femme.

Et le Soleil de continuer:

— J'ignore si tu appartiens à la mère Terre, parce que tu marches sur la pierre, le sable et l'herbe. Mais, tu parles le même langage que les oiseaux et le vent, qui, certes, descendent sur terre pour y tenir conseil, seulement en dehors de cela, ils vivent dans mon empire. Aussi tu iras chercher ta femme par un chemin jamais emprunté par les hommes.

— Par trois fois la lune s'est déjà dilaté comme la pupille

de l'œil d'un épervier, et par trois fois elle s'est contractée au point de ressembler à une défense du sanglier, depuis le jour où j'ai vu pour la dernière fois un homme, répondit le jeune Indien. Comment veux-tu donc que je me trouve une femme? De quelle tribu doit-elle venir?

— Ta future femme, répondit le Soleil, est l'aînée de deux sœurs qui s'appellent Dobedeklad — Celles-que-le-soleil-n'éclaire-pas. Elles sont enfermées dans l'obscurité et moi-même, je n'ai encore jamais aperçu leurs visages. Elles vivent au fin fond du pueblo, dans une maison érigée sur un rocher et que, jusqu'à présent, elles n'ont jamais quittée.

— Et qui a emprisonné ces deux sœurs dans les ténèbres? interrogea le jeune homme.

— Les oiseaux, continua à expliquer le Soleil. Si les sœurs sortaient de leur sombre prison, les oiseaux les piqueraient de leurs becs jusqu'à la mort, car ils leur envient leur beauté. Ainsi les deux Dobedeklad continuent à être prisonnières de l'ombre et toi seul peux les en délivrer.

— Mais comment m'y rendre d'ici, de cette prairie déserte et infinie? se dit Atsosi Bagani à part lui.

— Je vais t'aider, s'empressa de lui proposer le Soleil. Je vais dresser un pont entre ta hutte et leur pueblo et je vais vous transformer, toi-même et les jeunes filles, pour que les oiseaux ne vous reconnaissent pas sur votre chemin de retour.

— D'accord, décida le jeune Indien. Je vais épouser l'aînée des Dobedeklad — Celles-que-le-soleil-n'éclaire-pas.

Dès que le Soleil entendit sa réponse, il se pencha aussitôt sur l'épaule de la mère Terre et lui souffla quelque chose dans l'oreille. Devant l'Indien, surgit alors un arc gigantesque, divisé en quatre bandes de couleurs différentes. Il étincelait de bleu, vert, jaune et rouge, et montait très haut dans le ciel pour redescendre très très loin sur la terre. Ainsi l'arc-en-ciel apparut sur la terre.

— Monte sur mon pont! ordonna le Soleil au jeune homme. A l'autre bout tu trouveras ta femme.

Dès qu'Atsosi Bagani eut fait le premier pas sur l'arc multicolore, il perdit son aspect humain. Il se transforma en énorme papillon dont les couleurs se confondaient complètement avec celles de l'arc-en-ciel. Il oublia ses chasses aux oiseaux et son ancien nom, désormais c'était l'Homme-papillon qui franchissait le pont d'arc-en-ciel pour libérer les jeunes filles de la nuit éternelle. Il battait des ailes et plongeait de temps à autre, dans les couleurs.

Il poursuivit son voyage dans les airs et l'arc-en-ciel le guida. Les oiseaux qui le croisaient en passant ne le remarquèrent même pas. Il jeta un coup d'œil vers le bas, et resta figé de stupeur à la vue de toute cette beauté qui s'étendait sous lui. Tout là-bas, serpentaient des vallées bordées d'innombrables roches. Certains de ces rocs étaient, à leur sommet, comme coupés d'un coup d'un tomahawk gigantesque, d'autres se dressaient vers le ciel, tels les doigts élancés des géants qui venaient de lancer ce tomahawk. Dans les gorges, serpentaient des rivières argentées, aux rives parsemées des tentes de ses frères de couleur. Les colonnes de fumée s'élevaient paresseusement des feux allumés. Lorsque le pont commença à descendre, après un long vol, l'Homme-papillon aperçut à son bout une grande maison de pierre qui coiffait un haut rocher escarpé. Il se posa sur son toit et s'approcha d'une ouverture sombre qui ouvrait le passage vers une profondeur inconnue.

Tout au fond de la cavité, étaient assises dans la pénombre les deux sœurs abandonnées, occupées à tisser un tapis magnifique aux couleurs de l'arc-en-ciel. Elles y tissaient des ornements qui rappelaient les sinuosités des rivières et les rochers dentelés, qui surplombaient les cañons. Elles recréaient sur le tapis l'image d'un monde qu'elles n'avaient encore jamais vu.

L'aînée des Dobedeklad leva les yeux de son travail et tourna la tête vers l'ouverture dans le toit qui laissait entrer un mince filet de lumière.

— Regarde, ma petite sœur, un papillon vient d'entrer en volant chez nous! dit-elle. Tu le vois? Tout là-haut, en train de se poser sur le dernier barreau de l'échelle!

— Sais-tu ce que nous allons faire? s'écria l'autre sœur, en frappant joyeusement dans les mains. Nous allons l'attraper et nous tisserons les magnifiques motifs qui ornent ses ailes sur notre tapis.

— Ne t'approche pas de lui! s'effraya l'aînée des Dobedeklad. Si tu avances jusqu'au pied de l'échelle et si un seul rayon de soleil t'atteint, tu seras perdue. La lumière t'attirerait vers le haut, et tu ne voudrais plus jamais retourner dans les ténèbres.

Mais ses avertissements vinrent trop trad. L'agile petite sœur se tenait déjà sur le premier barreau de l'échelle et sa chevelure étincelait au soleil, qui passait à ce moment-là, juste au-dessus de la maison. Sans réfléchir, l'aînée s'élança au secours de sa sœur, mais elle aussi, à son tour, succomba au pouvoir magique des rayons de soleil. Enivrées par la lumière, les deux sœurs montaient à l'échelle en tendant les mains vers le papillon qui voletait d'un barreau à l'autre, les attirant de plus en plus haut. Ce fut ainsi que les deux sœurs Dobedeklad se retrouvèrent sur le toit de la maison et oublièrent leur ancien nom. Elles n'étaient plus «Celles-que-le-soleil-n'éclaire-pas», car celui-ci était en train de les caresser sur leurs joues, leurs bras et jambes. Et le papillon ne

tentait plus de leur échapper. Il se transforma en beau jeune homme, dont le regard pétillait et dansait comme les rayons de soleil.

— Qui es-tu? demandèrent les jeunes filles étonnées.

— Auparavant, je m'appelais Atsosi Bagani, mais à présent je suis l'Homme-papillon, répondit le jeune homme. Je suis venu vous chercher. Le Soleil m'a donné l'aînée de vous deux pour femme et la cadette sera ma nouvelle sœur.

Mais déjà les oiseaux venaient de remarquer dans le ciel l'arc de couleur, et leurs prisonnières à l'une de ses extrémités. En poussant des cris stridents, force bandes d'oiseaux se dirigèrent immédiatement à tire-d'aile vers le pueblo. Le Soleil, dissimulé derrière de gros nuages de pluie, assistait à la scène et s'empressa de changer le jeune homme et les deux sœurs en papillons qui purent ainsi entreprendre la traversée du pont. Vainement les oiseaux décrivirent des cercles au-dessus du toit de la maison, vainement ils s'éparpillèrent ensuite dans toutes les directions à la recherche des fugitifs. Aucun d'eux ne parvint à découvrir les trois délicats papillons.

Sains et saufs, la fiancée, sa sœur et l'Homme-papillon regagnèrent bientôt la hutte au bord du fleuve. Le Soleil fut le témoin de leur mariage et la mère Terre parfuma la fête de l'odeur de milliers de fleurs. L'Homme-papillon se rappela son ancien nom: il redevint Atsosi Bagani qui ne se transforma plus jamais en papillon.

Comme auparavant, il allait chasser les oiseaux, tandis que les sœurs tissaient des tapis aux couleurs d'arc-en-ciel et d'ailes de papillon.

Cependant les deux jeunes filles ne réussissaient pas à s'habituer à leur nouveau foyer. Jamais la nuit ne pouvait les bercer d'un doux sommeil, car leur couche, garnie de plumes d'oiseaux — leurs éternels ennemis — les effrayait terriblement. Et lorsqu'enfin la nuit cédait son règne au jour, comment pouvaient-elles manger de la chair d'oiseaux! Aussi continuèrent-elles à se nourrir avec de l'eau de pluie comme elles le faisaient dans leur pueblo. Dans la hutte exiguë, transpercée de soleil, la nostalgie de leur maison spatieuse et ombrageuse s'empara d'elles.

— Laisse-nous faire un saut dans notre maison! suppliaient-elles l'Indien.

Mais celui-ci de répéter toujours la même chose:

— Seul le Soleil peut décider de votre voyage, lui seul pourrait vous autoriser à revoir votre maison.

Mais les sœurs ne voulaient rien demander au Soleil, car tous les jours elles allaient au bord du fleuve et se glissaient dans l'eau pour échapper à la chaleur cuisante de ses rayons. Et le Soleil, de son côté, ne se réjouissait guère en voyant que

«Celles-que-le-soleil-n'éclaire pas» lui préféraient encore et toujours l'obscurité profonde.

Mais pour leur être agréable, il descendit un jour jusqu'aux jeunes filles et dit:

—Bien, si vous le désirez tant, allez voir votre sombre demeure. Cependant, après votre fuite, les oiseaux sont devenus bien méfiants et votre déguisement en papillon ne vous protégerait plus de leurs becs. Vous devez prendre avec vous des armes qui viendraient à bout du plus grand vol d'oiseaux...

Puis le Soleil leur plaça dans chaque main un gros grêlon, pareil à ceux qui fouettent les herbes quand un orage se déchaîne sur le pays. Il transforma les jeunes filles en papillons et celles-ci, sous leur nouvelle apparence, s'engagèrent sur le pont qui s'étendit à nouveau à travers le ciel.

Vraiment! Cette fois-ci, les oiseaux se tenaient sur leurs gardes et n'attendaient que cette occasion. Dès que le pont d'arc-en-ciel était apparu dans le ciel, ils savaient à quoi s'en tenir. Comme s'ils obéissaient à un ordre, ils s'élevèrent dans les airs et leurs cris retentirent à travers tout le ciel.

— Nous sommes en danger! dit la sœur aînée. Je vais lancer le premier grêlon sur les oiseaux.

Dans sa chute, le grêlon se transforma aussitôt en gros nuage noir qui retint les oiseaux tout près du sol, en les empêchant de voler trop haut. Alors les jeunes filles se mirent à battre encore plus vigoureusement de leurs ailes de papillon pour échapper à leurs persécuteurs. Mais au bout d'un moment, les revoilà sur les talons des deux sœurs.

— Oh, ils nous rattrapent de nouveau! dit tout inquiète la cadette. Je vais jeter sur eux le deuxième grêlon.

Et dans son vol, le grêlon se changea immédiatement en une pluie diluvienne, qui fouettait les ailes des oiseaux et les repoussait vers la terre. Les deux papillons fuyants se mirent d'autant plus rapidement à voler dans l'arc-en-ciel. Mais bientôt, les oiseaux réussirent à se frayer le chemin à travers les grosses gouttes et leurs cris victorieux retentirent à nouveau dans l'immensité du ciel.

— Je dois jeter le troisième grêlon! s'écria l'aînée Dobedeklad.

A peine le grêlon quitta-t-il la paume de la jeune fille qu'il éclata en milliers de petits grêlons qui frappèrent les oiseaux encore plus fort que la pluie, si violemment même, qu'ils furent obligés d'interrompre leur attaque. Mais après quelques instants la grêle s'épuisa et les oiseaux reprirent leur élan à la poursuite de leur proie. Au loin, on voyait déjà l'arc-en-ciel s'incliner vers le pueblo, mais comme les oiseaux se sentent très à l'aise dans l'air, leurs ailes battaient bien plus rapidement que celles des papillons.

— Il ne nous reste que le quatrième et dernier grêlon, constata la cadette. Si celui-là n'écarte pas la menace, nous allons payer cher notre visite!

Elle jeta le dernier grêlon vers le bas et celui-ci éclata en laissant échapper un éclair éblouissant. Il fut suivi d'autres éclair et le ciel ne fut bientôt plus qu'un seul feu. Puis le tonnerre se fit entendre et il gronda si fort que les oiseaux prirent peur et se retirèrent précipitamment sous des rochers en surplomb, ou dans les feuillages des arbres. Mais entretemps, les deux Dobedeklad se posèrent en toute sécurité sur le toit de leur maison et, à l'aide de l'échelle, elles descendirent dans la profonde obscurité, où les oiseaux ne pouvaient plus les atteindre. Le pont d'arc-en-ciel avait disparu et le Soleil entrouvrit le voile des gros nuages pour s'assurer que les sœurs étaient en sécurité.

Mais l'aînée des Dobedeklad ne pouvait rester dans le pueblo éternellement. Dès qu'elle eut terminé de tisser un tapis, elle dut retourner auprès de son mari et la cadette la raccompagna car elle n'avait nullement envie de rester toute seule dans les ténèbres. Le Soleil dressa à nouveau le pont, munit les jeunes filles de quatre grêlons miraculeux et tout se répéta comme à l'aller. Et pas pour la dernière fois! A chaque fois que la nostalgie de leur ancienne maison s'empare des jeunes filles, elles se rendent chez elles et au bout de quelque temps, elles retournent chez l'Indien. Ainsi, après chaque orage, un grand pont d'arc-en-ciel se dresse entre le pueblo des jeunes filles et la hutte du jeune chasseur Atsosi Bagani, réconciliant ainsi l'empire des ténèbres avec la clarté du Soleil.

Les gardiens du feu brouillés

Comment commencer mon récit sur Ugniedokas et Ugniegawas? Devrais-je d'abord vous dire que ce sont deux frères immortels, qui ressemblent aux anges aux ailes grisâtres? Ou vous dire plutôt que leurs yeux étincelants luisent comme le feu de la forge et que leurs mains, larges comme des pelles, sont tout le temps noires de suie?...C'est vrai, il leur arrive souvent de retirer leurs ailes, quand ils doivent rencontrer des gens — soit pour les punir, soit pour leur venir en aide. En pareil cas, personne ne saurait les distinguer des compagnons vagabonds qui tantôt s'emparent d'un grand marteau dans une forge pour donner un coup de main, tantôt apparaissent aux côtés d'un roi, partant en guerre à la tête de son armée.

Mais on dit, et il est fort possible qu'il en soit ainsi, que ces deux-là étaient sur terre bien avant l'apparition des hommes. On raconte aussi que les fameuses quatre colonnes de feu étaient le tout premier ouvrage qu'ils avaient entrepris dans le monde. Longtemps, très très longtemps, résonnèrent à travers le monde leurs coups de marteau, battant le fer. Quand le travail fut enfin terminé, les frères dressèrent les colonnes gigantesques de telle façon qu'elles soutiennent toute la voûte céleste. Et les étincelles qui avaient jailli sous leurs marteaux, s'envolèrent pour aller se fixer très haut dans le ciel et s'y transformer en étoiles. Voilà pourquoi les deux frères avaient pu conclure avec les étoiles un marché: chaque fois qu'ils auraient besoin de feu, les astres leur en donneraient un peu.

Cependant, Ugniedokas et Ugniegawas n'ont pas leur logis sur la terre; ils vivent loin au-dessous de sa surface, dans les profondeurs terrestres. Mi-diables, mi-anges, ils y forgent les outils destinés à torturer les méchantes âmes. Mais vous avez sûrement dû entendre parler de ces montagnes qui crachent de temps à autre d'immenses flammes vers le ciel tandis que les torrents bouillonnants de lave dévalent rapidement le long de leurs flancs! Vous pouvez alors être certains que c'est justement à cet endroit-là qu'Ugniedokas et son frère ont installé temporairement leur forge.

Beaucoup de temps s'était en effet écoulé depuis leur dernière querelle — aussi l'ouvrage filait-il joliment sous leurs mains! Ugniegawas veillait à ce qu'il y eût toujours un bon feu dans la forge, en attisant de temps à autre la flamme avec un soufflet, et Ugniedokas martelait de son gros marteau le métal chauffé à blanc, pour le transformer soit en chaîne, soit en charrue. Ensuite ils s'en allaient éparpiller leur ouvrage de par le monde, à la grande admiration des gens qui ignoraient encore à cette époque-là ce qu'était le feu et, donc naturellement, le métal.

Ce fut ainsi, par exemple, qu'un jour, lors d'une de leurs promenades sur terre, ils avaient tiré d'embarras un paysan. Un jour, ce dernier s'était attardé quelque part sur la route, et il faisait presque nuit quand il rentra sur son chariot à la maison. C'était un jour d'hiver, la route n'était qu'un grand miroir de glace et par surcroît, elle montait à pic dans les montagnes escarpées. Les sabots des chevaux glissaient sans cesse et le paysan faisait l'impossible pour faire avancer, tant bien que mal, sa charrette. Mais malgré tous ses efforts, le chariot finit par s'arrêter pour de bon. Le malheureux paysan avait beau faire claquer son fouet, c'était en vain que les chevaux, tout en sueur, s'acharnaient de toutes leurs forces dans les harnais; les sabots continuaient à glisser sur le verglas poli. La nuit venait de tomber et le premier village était très très loin, à plusieurs heures de marche. Pour comble de malheur, une de ces terribles et glaciales bourrasques d'hiver, qui se déchaînent sans mesure dans les régions de montagnes, s'apprêtait à s'abattre sur le pays. Désespéré, le fermier s'assit sur une pierre au bord de la route et si ce n'avait pas été un rude montagnard, il aurait à coup sûr fondu en larmes.

Mais tout à coup, il avisa deux sombres silhouettes qui s'approchaient de lui. C'était deux gaillards aux larges épaules qui avaient l'air si bizarre que la peur s'empara aussitôt du pauvre paysan. Il se ramassa sur lui-même, se faisant tout petit sur sa pierre, et ses genoux se mirent à trembler d'effroi. Mais voilà que déjà ces deux inconnus — Dieu sait d'ailleurs, comment ils avaient fait pour se trouver dans ces montagnes désertes — s'arrêtent juste devant lui.

— Que fais-tu ici, en pleine nuit? Pourquoi n'es-tu pas encore dans ta chaumière? gronda le premier.

— Je ne désire que ça, Monsieur, vous pouvez me croire, répondit le paysan, tout en prenant son courage à deux mains pour parler d'une voix ferme. Mais les sabots de mes chevaux glissent sur la glace et moi-même, je n'ai pas assez de forces pour tirer le chariot.

— Ça alors! Qui a déjà vu cela! Les gens attelés aux chariots à la place des bêtes! rétorqua le gaillard inconnu.

En disant cela, il frappa trois coups dans ses mains et, ô miracle! une lueur étincelante se mit à briller sur le miroir de glace. Des languettes d'un rouge vif s'élevaient et dansaient au-dessus de cette étrange lumière, répandant tout autour la même douce chaleur que le gentil soleil en plein été. Le paysan retint son souffle et comme médusé, observa cette merveille, il n'en avait jamais vu de semblable auparavant. Et comment s'en étonner d'ailleurs puisque cette boule lumineuse, c'était bel et bien, le feu!

— Passe-moi la pierre sur laquelle tu es assis! ordonna le deuxième gaillard, mais voyant que tous les efforts du fermier pour faire basculer le gros caillou étaient vains, il ramassa d'une seule main la pierre comme si c'était une plume et la jeta dans le feu.

Là-dessus, il y ajouta quelques poignées de terre gelée et en un rien de temps, le fer pur chauffé à blanc se mit à étinceler dans les flammes. C'est alors que les deux inconnus, les bras armés de gros marteaux, tapaient et frappaient de toutes leurs forces sur le fer — à en faire jaillir des étincelles de tous côtés. Et bientôt apparurent sur le verglas de la route quatre paires de demi-cercles en fer.

— Frère, passe-moi un fer à cheval, s'écria le premier, en soulevant la patte d'un cheval, le sabot bien en l'air.

Le paysan ne peut pas croire ses yeux: les deux hommes s'inclinent au-dessus des jambes des chevaux et à l'aide des gros clous chauffés, ils fixent ces étranges demi-cercles sur les sabots; puis encore quelques coups de marteau — et voilà que l'opération est déjà terminée.

— Bon, tu peux à présent rentrer chez toi sans plus d'ennuis! déclarèrent-ils.

N'ajoutant pas beaucoup de foi à leurs paroles, mais soucieux plutôt de ne pas offenser ces deux hommes mystérieux, le paysan fit donc claquer son fouet. Mais, ô miracle! au premier essai, les chevaux se mirent en marche et s'élancèrent comme un trait, traînant derrière eux le lourd chariot comme s'il ne s'agissait que d'une plume.

Tout réjoui, le fermier tourna la tête pour remercier les étrangers, mais sur la route, il ne vit plus personne. Les deux hommes avaient disparu comme si la terre les avait engloutis.

D'ailleurs, c'est exactement ce qui s'était produit: les deux gaillards s'étaient enfoncés dans les profondeurs terrestres pour y regagner leur forge souterraine. Mais bien sûr, il y a déjà longtemps que vous avez compris que ces deux frères étaient nos héros Ugniedokas et Ugniegawas.

Beaucoup, beaucoup de temps s'est déjà écoulé depuis le jour où les gens apprirent ce qu'était un fer à cheval. Mais il advint un jour qu'Ugniegawas et Ugniedokas se sont terriblement brouillés et plus jamais, depuis, n'ont réussi de se réconcilier complètement.

Voilà comment cela s'est passé: un jour, alors que l'hiver battait son plein, Ugniedokas remonta sur terre tout seul, sans la compagnie de son frère. Il se faisait déjà tard lorsqu'il arriva enfin dans un village. Il alla frapper sur la porte de la première maison afin de se réchauffer quelque peu avant de poursuivre son chemin. La porte s'ouvrit, et sur le seuil apparut un fermier, tout emmitouflé dans un manteau de fourrure, le bonnet de fourrure enfoncé si bas sur la tête que c'est à peine si l'on voyait ses yeux. Il pria le voyageur d'entrer en lui indiquant un banc pour s'asseoir. Ugniedokas entra, mais il eut toutes les peines du monde pour regagner le banc — tellement il faisait sombre dans la pièce!

— Comment se fait-il que tu n'aies pas de lumière pour t'éclairer? Et pourquoi un feu ne pétille-t-il pas dans la cheminée par un froid pareil? demanda Ugniedokas.

Soudain il se figea, tout confus, car il venait de se rendre compte que les gens ne connaissaient pas encore le feu et que lui, à force de travailler sans relâche dans sa forge, avait complètement oublié ce fait.

— Le feu? hocha la tête le fermier, sans comprendre.

Ugniedokas ne pouvait plus reculer.

— Eh bien oui, fit-il donc, pourquoi un feu ne flambe-t-il pas ici afin que nous puissions nous réchauffer à sa chaleur, pourquoi une torche ne brille-t-elle pas dans ta maison pour que nous puissions voir nos visages?

— La chose avec laquelle les étoiles s'embellissent la nuit, afin que nous puissions les admirer d'ici-bas, sur terre, c'est ça ce que tu appelles le feu? s'enquit le paysan. Et, d'après toi, qui pourrait donc se rendre chez les astres pour aller chercher ce feu ou comment tu l'appelles, hein?

Avec un léger sourire, Ugniedokas ramassa sur le sol un morceau de bois qui y traînait, et invita le paysan à sortir avec lui devant la chaumière. Après avoir fait quelques pas en arrière, il souleva la bûchette vers le ciel et murmura quelques mots inintelligibles, comme s'il priait. Tout à coup, un mince rai lumineux déchira les airs et vint effleurer le morceau de bois. Une petite langue rouge apparut aussitôt, puis une deuxième, une troisième et, en un rien de temps, tout le bout de bois n'était qu'une flamme dansante. Ugniedokas retourna hâtivement avec ce précieux trésor flamboyant dans la chaumière et alluma d'autres morceaux de bois. Ce fut ainsi le premier feu qui brillait chez des gens. Ensuite Ugniedokas attacha la première torche, allumée par les étoiles, entre deux poutres, offrant ainsi aux hommes la première lumière, qui enfin leur permettait de se regarder dans les yeux après la tombée de la nuit.

D'ailleurs, à peine une petite demi-heure s'était écoulée que le fermier se débarrassait déjà de sa pelisse.

Le lendemain les villageois élevèrent au milieu de la grand-place du bourg un grand four, y entassèrent de grosses bûches et dès que le feu eut pris, Ugniedokas se mit à la besogne. De gros coups de marteau frappant le fer chauffé au rouge résonnaient à une lieue à la ronde et sous les mains du forgeron naissaient dans le feu de bizarres objets rouges, bizarrement tordus, qui, une fois refroidis, devenaient bêche et pelle, pioche et charrue, fer à cheval et gros marteau, pince, serpe, tisonnier et je ne sais quoi encore. Les gens attroupés autour du four brûlaient déjà d'impatience d'apprendre cet art extraordinaire et c'est ainsi qu'avant le coucher du soleil, il n'y avait plus que des forgerons dans le village. Ugniedokas put alors tranquillement retourner auprès de son frère.

Seulement, ce dernier ne l'accueillit pas à bras ouverts, car il était déjà au courant du cadeau généreux que son frère avait fait aux gens.

— Où as-tu traîné? lança-t-il.

— Où aurais-je pu aller, voyons, chez les hommes, évidemment! D'ailleurs, c'en est fini de la dure besogne pour nous. Dorénavant les hommes sauront forger eux-mêmes tout ce dont ils auront besoin pour leur travail, dit Ugniedokas, radieux.

— Pour leur travail, tu dis... ricana Ugniegawas. Sur quoi, il saisit son gros marteau et s'en fut.

Et il n'avait pas mis beaucoup de temps pour trouver le

village aux forgerons. Des coups de marteaux y retentissaient à une lieue à la ronde.

Ugniegawas alla tout droit au four allumé par son frère, sans mot dire, il en sortit un grand morceau de fer et son gros marteau se mit à résonner. Mais cette fois-ci, des fleurs de feu ne naissaient plus des objets tordus et courbés de différentes manières, mais au contraire, bien droits, comme un rayon sinistre: épées et piques, poignards et lances, baïonnettes, couperets et différentes broches, et je ne sais quoi encore. Les gens se rassemblèrent aussitôt autour du four, avides d'apprendre encore quelque chose. Avant le coucher du soleil, chacun dans le village était à moitié forgeron et à moitié soldat. Baigné de sueur, Ugniegawas lança le gros marteau et disparut.

Depuis ce temps-là, sur terre, il n'y avait pas que la serpe pour couper, mais aussi l'épée. Le feu continua tout de même à réchauffer les mains des hommes, mais il éveillait aussi les incendies. De cruels guerriers en armures se ruèrent d'un pays à l'autre et attaquèrent les habitants désarmés des villes et villages. A cette époque-là, Ugniegawas et Ugniedokas se réconcilièrent pour un certain temps et comme malgré leurs efforts, la guerre demeurait sur terre, ils se mirent toujours du côté de ceux qui venaient d'être assaillis.

Une fois, le pays d'un grand roi se trouva ainsi encerclé par l'ennemi. Le roi surpris rassembla en toute hâte son armée, collecta une poignée d'armes toutes rouillées et se mit en campagne. Au loin on entendait déjà frémir sourdement des bataillons ennemis, comme des essaims de frelons, et au-dessus d'eux, une forêt de lances et d'épées brandies étincelait au soleil. Alors que le roi enlevait tristement sa couronne pour la remplacer par un casque, deux gaillards vigoureux surgirent devant lui, et ils se ressemblaient tellement qu'ils ne pouvaient être que deux frères...

Comment le roi n'aurait-il pas été ému, quand ces deux-là demandaient à être incorporés dans son armée! Ils n'avaient pour toute arme que deux paires de mains — certes, bien grandes, mais vides. Les frères se mirent tout de suite à ses côtés et la bataille commença. Mais avant que la première épée des ennemis put s'abattre, une muraille de feu s'éleva autour de l'armée du roi, en la protégeant devant l'attaque.

«Ugniedokas! Ugniegawas!» retentirent les cris joyeux des fermiers qui tenaient dans leurs mains leurs épées comme ils tenaient les râteaux. Tout le monde avait déjà compris qui se tenait aux côtés du roi, en tête de l'armée.

Dès que les ennemis se furent aperçus qu'ils ne pouvaient pas passer le mur flamboyant, ils se mirent à jeter des lances et même à ramasser de grosses pierres et à les projeter. Mais les lances et les pierres rebondissaient sur la muraille de feu et allaient s'abattre sur la tête ou la poitrine de celui qui les avait lancées. Du mur de flammes montait une fumée, elle formait dans le ciel de sombres nuages qui se dirigeaient rapidement vers le pays des ennemis. Avant que les intrus vaincus soient de retour de la bataille, leur patrie était déjà brûlée par le feu, qui s'y était déversé de ces nuages étranges.

Ainsi se termina une bataille gagnée grâce à Ugniedokas et Ugniegawas. L'heureux roi donna pour femme à Ugniedokas sa fille unique et ensuite ils s'installèrent avec tous les guerriers à une table somptueusement mise. Le roi présidait, ayant à sa droite Ugniedokas avec la fiancée et à sa gauche Ugniegawas seul et taciturne. Le roi n'avait plus de fille pour lui! Dans ses yeux, on pouvait lire que la haine et l'envie le dévoraient.

Tout à coup, enragé, il frappa de son poing un coup sur la table et aussitôt un feu s'y éleva.

— Qu'est-ce que cela signifie? demanda le roi étonné.

— Un de tes fermiers, qui habite à cent lieues d'ici, m'a jadis offensé, roi! dit Ugniegawas. Je viens d'envoyer sur sa ferme un incendie.

Dès qu'Ugniedokas eut entendu les paroles de son frère, il s'empara de la coupe de sa femme et déversa le vin sur le feu. Les flammes sur la table s'éteignirent immédiatement, mais le regard de braise d'Ugniedokas s'attisa de plus belle!

— Personne ne t'a offensé, s'échauffa Ugniedokas et il jeta la coupe vide sur son frère malveillant. Tu t'es encore servi d'une âme innocente pour étancher ta rage éternelle.

Le roi stupéfait n'entendait rien du tout au différend des frères; il avait tout juste compris où se trouvait le village dont parlait Ugniegawas. Il y envoya donc des messagers, et ceux-ci, une fois de retour, lui firent part que dans ce village avait réellement éclaté un incendie juste au moment où la fête du château battait son plein et que le feu avait disparu aussi vite qu'il s'était allumé.

Le vin d'Ugniedokas avait sauvé pour le malheureux paysan au moins la moitié de ses biens.

Voilà la vraie nature du feu qui persiste même de nos jours. Le feu garda pour toujours l'âme ambiguë que lui avaient insufflée les deux frères brouillés. Essayez de mettre dans les flammes quelques petites bûches fraîchement coupées! Vous entendrez comment elles sifflent et craquent dans le feu. Vous voyez les éclats de bois se tordre dans la chaleur des flammes? C'est Ugniedokas et Ugniegawas qui luttent dans le feu, c'est l'éternel combat du mal avec le bien.

Ugniedokas fâché partit avec sa femme dans un pays lointain afin de ne plus entendre parler de son frère méchant.

Et lorsque sa femme mit au monde trois filles et que celles-ci furent devenues de belles jeunes filles silencieuses et placides, il les cacha au bord d'un lac au plus profond de la forêt. Mais il oublia qu'il était lié à jamais avec son frère par de mystérieux liens de sang, contre lesquels même la plus grande distance ne pouvait rien.

Ugniegawas, lui aussi, s'était marié, cependant, il n'avait pas épousé une jeune fille de sang royal. Trois fils naquirent de ce mariage, trois garçons vigoureux et bien plantés, comme les pins qui se dressent sur le sommet d'une roche. Cependant, ils n'héritèrent pas seulement de la force et la tenacité de leur père, mais aussi son caractère turbulent. Lorsqu'ils sortaient à la chasse, ils ne tuaient pas seulement le gibier pour assouvir leur faim, mais aussi par plaisir de voir couler le sang.

Un jour, alors qu'ils étaient encore partis à la chasse, ils se retrouvèrent dans une forêt profonde, jusqu'alors inconnue, et au bout de quelques heures de marche, ils débouchèrent sur une clairière, où s'étendait un petit lac à l'eau cristalline. Ils firent le tour du lac, et après avoir bu quelques gorgées d'eau fraîche, ils s'endormirent dans la haute herbe.

Ce fut le chant de trois belles jeunes filles qui les tira de leur sommeil. Jamais de leur vie, ils n'avaient encore vu de jeunes filles aussi belles. Elles étaient assises sur de grosses pierres surplombant le lac, et tout en coiffant leurs longues chevelures dorées, elles se miraient dans le miroir de l'eau.

«Le soleil fait nos cheveux briller,
comme une clarté dorée au-dessus du foyer,
qui au plus profond de cette sombre forêt,
pourrait remarquer leur éclat clair et frais?»

chantaient les jeunes filles. Mais quelle ne fut pas leur surprise quand elles remarquèrent sur la surface du lac le reflet des trois jeunes hommes, vêtus de rouges vestes de chasse, qui se tenaient derrière leurs dos! Les garçons murmuraient:

«Chaque feu a deux couleurs liées,
à la rouge est mêlée la dorée,
vous, jeunes filles, auriez du mal à découvrir,
laquelle chauffe et laquelle fait souffrir.»

Les jeunes filles se retournèrent et leur regard, doux comme celui de leur père Ugniedokas, plongea dans les yeux pétillants des fils d'Ugniegawas. Bientôt la forêt put voir les jeunes filles dans les bras des garçons, car

«Le bien et le mal se cachent dans un même feu,
le bien et le mal dans ses cendres refroidissent,
le mal et le bien se tombent dans les bras, amoureux,
et les flammes embrassent tout, pas toujours tendres.»

D'ailleurs, les filles aux cheveux d'or d'Ugniedokas et les fils d'Ugniegawas aux vestes rouges ne se trouvaient plus sur les falaises au bord du lac. Chaque couple s'était transformé en un oiseau aux plumes écarlates et dorées, et bientôt trois oiseaux, ressemblant aux feux flamboyants, s'élevèrent dans les airs, pour disparaître au-delà des cimes des arbres.

Quand Ugniedokas apprit que ses filles s'étaient fiancées avec les fils de son frère, il aurait voulu le tuer sur-le-champ d'un coup de marteau. Mais il savait bien qu'Ugniegawas était immortel, comme lui. Pourtant, il lui envoya un défi à la guerre.

— J'accepte! lui fit savoir son frère rusé. Lorsque toutes les étoiles dans le ciel auront brûlé en cendres, lorsque le dernier astre se sera éteint, ça sera le signe de commencer la guerre.

Ugniedokas fut d'accord. Depuis des heures, des jours et des siècles les feux brûlent dans les forges d'Ugniegawas et d'Ugniedokas, et résonnent les coups de marteaux. Au pied des deux forges s'accumulent des tas d'armes en fer, baptisées par le feu. Il y aura bien trop d'épées, lorsque les astres se seront éteints. Et la lutte qui éclatera entre les deux frères, anéantira aussi notre monde.

Qui a retrouvé le vent?

Les gens dorment la nuit, les chouettes, elles, préfèrent faire un petit somme dans la journée. Seul le vent n'a pas le temps de se reposer. S'il n'est pas ici, il est sûrement par là et sans relâche il souffle et siffle, pleure dans une cheminée ou secoue un pommier. Comment voulez-vous qu'après toute cette besogne, il ne se sente pas tout épuisé! Et pourtant déjà, il lui faut soulever un petit tourbillon de fine poussière, s'élancer sur le toit pour arracher un bardeau, coucher le blé, décoiffer la forêt.

Mais il arriva qu'un jour le vent disparut bel et bien de la surface de la terre. Point de vent par-ci, point de vent par-là, bref complètement disparu, sans la moindre trace. Aucune petite feuille ne frissonnait plus, aucune vaguelette ne brisait plus le miroir des rivières. Un silence profond se répandit sur la terre et les animaux s'effrayaient au bruit de leurs propres pas et les fleurs commencèrent à se faner.

Alors, animaux et fleurs se rassemblèrent afin de tenir un conseil.

— Qui va nous apporter la pluie et emporter notre pollen? se lamentaient les fleurs.

— Qui va nous avertir de l'approche d'un ennemi dangereux pour notre vie? en hochant la tête d'un air grave dirent les animaux.

Ce fut ainsi que le grand conseil prit la décision de retrouver le vent à tout prix. Les animaux partirent donc sur-le-champ de par le monde et bientôt ne resta plus une seule caverne, même dans un rocher ou un taillis, où ils n'eussent pas cherché. Mais pas de trace de vent sur terre, ni sous terre.

L'araignée, elle aussi, se mit à la recherche du vent, mais sachant que les autres avaient déjà fouillé tous les coins et recoins de la terre, décida de changer de but et se dirigea tout droit vers la mer.

Comment peut espérer une petite araignée de rien du tout en face de la mer immense, diriez-vous?

Mais la chance lui sourit! Elle se laissa flotter sur les vagues jusqu'à un haut rocher émergeant des flots, et après en avoir fait le tour, à la nage, elle aperçut soudain sous une corniche le vent profondément endormi, les bras croisés sous la nuque. L'araignée aborda le rocher et après avoir grimpé au sommet du rocher, elle entreprit de tendre son fil entre deux saillies, juste au-dessus de la tête du vent. Son ouvrage terminé, elle se laissa glisser le long du fil jusqu'à son milieu et puis, d'une de ses longues pattes, elle chatouilla le vent sous le nez.

Celui-ci, réveillé, se frotta les yeux et à peine les avait-il ouverts qu'il remarqua juste au-dessus de sa tête, une drôle de petite bête suspendue à un fil argenté.

— Si je me lève, je vais vous déchirer en mille morceaux, toi et ton fil, gronda le vent, fort en colère.

— Oh, je t'en supplie, ne fait pas ça, couina l'araignée, tout affolée. Je retourne immédiatement sur la mer et plus jamais je ne me permettrai de te déranger.

Le vent finit tout de même par se laisser amadouer, néanmoins il avertit l'araignée qu'à leur prochaine rencontre elle ne s'en sortirait pas sans mal. Sur quoi, il quitta d'un grand bond le rocher, descendit sur l'eau et déjà il roulait devant lui d'énormes lames hautes comme des maisons. Et, en rien de temps, il avait disparu derrière l'horizon.

Après avoir attendu un moment que la mer se calmât, l'araignée prit le chemin du retour. Bzzzz, bzzzz, fit soudain la voix fluette d'une mouche qui volait au-dessus d'elle.

— Alors, as-tu réussi, petite araignée dorée? lui dit-elle d'un ton doucereux. Il ne m'étonnerait pas que ce soit justement toi qui aies déniché quelque part le vent!

— Bah! fit l'araignée avec un geste modeste d'une de ses petites pattes, il dormait là, sur la mer, caché sous une roche.

La mouche n'avait pas besoin d'en apprendre davantage. Telle une flèche, elle s'envola laissant la petite araignée loin derrière. Elle vola ainsi à toute vitesse vers l'endroit où les animaux tenaient le conseil. A peine arrivée, elle raconta qu'en survolant la mer, elle avait découvert le vent endormi sous un haut rocher, qu'elle l'avait courageusement réveillé et qu'elle était revenue en toute hâte, humide par l'eau salée.

Les animaux ne doutèrent point de la sincérité de ses propos, d'autant que depuis un instant le murmure du vent se faisait à nouveau entendre dans le feuillage des arbres.

— En récompense de ta remarquable action, brave mouche, dit le grand conseil, tu pourras dorénavant prendre

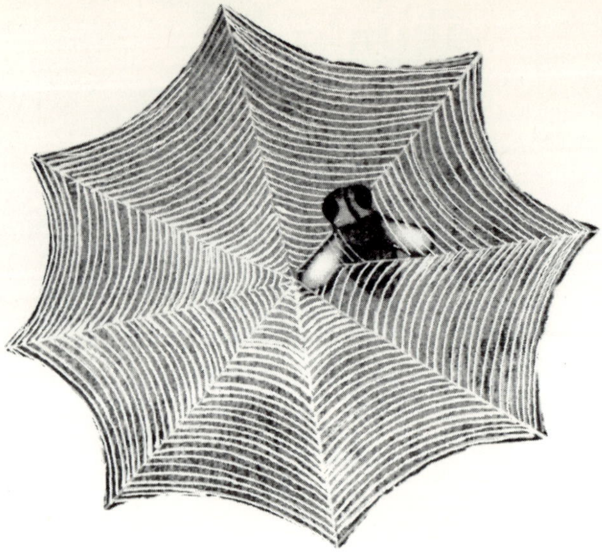

la première bouchée de n'importe quel plat. Aucun roi ne pourra s'y opposer.

Ravie, la mouche quitta le grand conseil d'animaux et vous savez aussi bien que moi, que c'est bien elle qui se régale la première de votre tartine de miel.

Lorsque l'araignée, à demi morte de fatigue, eut enfin réussi à se traîner jusqu'au grand conseil, personne ne voulut croire que c'était elle qui avait réveillé le vent. Alors, profondément offensée, l'araignée jura, devant tous les animaux rassemblés, de se venger de la mouche perfide.

Et depuis lors elle ne cesse de tisser et de tendre sa toile et dès que la mouche s'y prend, l'araignée l'enserre dans ses fils et la fait souffrir longtemps, longtemps.

Mais malgré tout, la pauvre araignée n'avait pas un sort bien enviable. Quel patient labeur pour tisser une toile! Mais à peine est-elle terminée que le vent s'approche en tourbillonnant et tout de suite se met à siffler:

— Ah, te voilà, fil impudent! Ne t'avais-je pas averti de ne plus jamais apparaître à mes yeux?

Et déjà il s'acharne sur la toile délicate, la déchire et froisse, et l'araignée peut se féliciter si elle ne rencontre pas la même fin que la mouche perfide.

Vichar

Il faisait un drôle de temps. Pas une seule petite goutte de pluie ne tombait, mais très bas dans le ciel, de gros nuages gris ne cessaient de se pourchasser. Le vent secouait les fortes branches des arbres et les petites se déployaient comme des fouets. Au-dessus du petit chemin sur lequel nous marchions, passa à la vitesse d'un éclair un tourbillon de vent, tout rempli de poussière et puis il sauta sur le champ voisin et s'acharna sur les meules de foin. Bientôt, il ne s'y dressait plus une seule botte et le foin était éparpillé en grand désordre, sur tout le champ.

— C'est Vichar, dit mon guide Kito Pank, en désignant de sa main une colonne de vent, qui disparaissait au loin, en emportant des touffes de foin.

— Oh! je ne vous souhaite pas de tomber entre ses griffes! reprit-il, au bout d'un moment, en hochant la tête d'un air grave. Et par surcroît, vous ne savez même pas s'il ne vient pas de faire un détour et s'il ne se trouve pas, à présent, à côté de vous. C'est l'esprit invisible du vent. Il n'y a qu'un seul moyen qui permette de le savoir: il faut enlever son manteau et regarder dans la manche. Un ami m'a raconté qu'au moment où Vichar passait près de lui, il dirigea dans sa direction la manche de son manteau, et il a aperçu un chat gris qui s'apprêtait à bondir.

Entre-temps, nous atteignîmes la maison de Kito, faite de grosses poutres et couverte de chaumes. Elle était perchée sur un coteau abrupte et elle semblait être le siège des pouvoirs maléfiques. Mais à l'intérieur, un grand four dégageait une aimable chaleur, au mur, une pendule répétait tranquillement son tic-tac et quelque part dans le grenier, au-dessus de nos têtes, se lamentait le vent, qui ne pouvait pas se faufiler en bas, dans la grande pièce.

Kito Pank s'assit en face de moi, sur un large banc, alluma sa pipe et lança quelques bouffées dans l'air.

— Je vous dis qu'il ne faut pas badiner avec Vichar! reprit-il. Si Vichar effleure votre foin ou votre blé, il ne vous reste qu'à enfumer votre grange avec de l'encens. Même un homme ferait mieux de prendre un bain s'il vient de le rencontrer. Avez-vous déjà entendu parler d'un fermier qui voulait affronter Vichar et faillit le payer de sa vie?

Sur quoi, Kito se mit à raconter son histoire.

«Un fermier était occupé à râteler le foin dans son champ et il ne se redressait que pour essuyer la sueur de son front. Le soleil brûlait, comme il sait si bien le faire au mois de juin. Mais tout à coup, un petit nuage apparut à l'horizon, et avant que le fermier eût eu le temps d'amasser une autre botte, le ciel se voila de gros nuages noirs. Exactement comme aujourd'hui — et pas une seule goutte ne tomba de ces nuages! Le fermier continuait à manier son râteau lorsque, soudain de la forêt toute proche, surgit un tourbillon de vent qui se précipita vers lui. Vichar! Le fermier cessa de râteler et bouche bée, il regarda Vichar balayer ses meules, détruisant ainsi l'œuvre de toute la matinée. Lorsque le foin fut éparpillé à travers tout le champ, Vichar tournoya plusieurs fois au-dessus de sa tête, puis il disparut au-delà de la forêt.

Que pouvait-il faire, le pauvre fermier? Il ne lui resta qu'à peiner de nouveau tout l'après-midi, pour rassembler à nouveau le foin en meules. Mais à peine eut-il terminé que Vichar bondit à nouveau sur lui. Il se mit à ravager les bottes encore plus violemment que le matin — à tel point que le fermier, hors de lui, en oublia toute peur.

«O diable!» soupira-t-il. Il sortit de sa poche un canif, l'ouvrit, et lorsque le tourbillon de vent passa près de lui, il lança son couteau au bon milieu. Le tourbillon fit plusieurs bonds et disparut rapidement dans la forêt.

Les nuages continuaient à se pourchasser tout près du sol, et le fermier se dit que ce n'était plus la peine de continuer à travailler ce jour-là. Il se mit à chercher son canif, mais du couteau, pas de trace! — comme si la terre l'avait englouti. Ce fut en vain que le fermier fouilla partout; il fut obligé de rentrer sans l'avoir retrouvé.

La moisson était terminée et le fermier avait depuis belle lurette oublié son incident avec Vichar. Un jour, alors qu'il apportait le blé à la foire, et avant d'entrer dans la ville, il rencontra un inconnu. Celui-ci lui emboîta aussitôt le pas, et lui demanda si la récolte de cette année avait été bonne et s'il n'avait pas de blé à vendre.

— Justement, j'en porte à la fôire un chariot plein, répondit le fermier et il demanda aussitôt à l'étranger combien il en voudrait et combien il donnerait pour un sac.

— Pourquoi marchander! dit l'inconnu en faisant un geste

nonchalant de sa main. Je prends tout et je te payerai tout ce que tu demanderas. Je n'ai qu'une seule condition: tu vas transporter ce blé chez moi.

Tout réjoui de ne pas être obligé de discuter longuement avec les marchands à la foire et de vendre le blé sac par sac, le fermier indiqua immédiatement son prix, fit claquer son fouet et partit dans la direction indiquée par l'étranger. Ils s'engagèrent bientôt sur une route à travers les champs, qu'ils quittèrent sous peu. Puis ils se mirent à traverser les chaumes et les prés, et même les forêts, pour déboucher enfin dans une vallée, au fond de laquelle s'étendait un grand étang. Que faire à présent? Impossible de faire le tour du lac ou de le passer à gué. Mais l'étranger ne fut pas pris au dépourvu. Il agita son bâton, puis il en frappa la surface de l'étang. Le fermier resta bouche bée, tout en écarquillant les yeux. L'eau se retira des deux côtés et une route sèche et droite apparut entre deux murailles liquides, menant de l'autre côté de l'étang.

Naturellement, le fermier commença à se douter qu'il se passait quelque chose d'étrange. Mais comme il venait de conclure une bonne affaire, il décida de combattre sa peur. De toute façon, derrière l'étang se dressait déjà la maison de l'étranger. Le fermier fit donc claquer son fouet, traversa l'étang et déposa aussitôt le blé dans le grenier.

— Tu dois avoir faim, dit lui cet homme mystérieux, une fois le travail terminé. Viens, entre, je te payerai et te préparerai quelque chose à manger.

Le fermier ne se laissa pas inviter deux fois à table. Il avait pris la route très tôt le matin et maintenant, selon le soleil, midi était bien passé. Il entra dans la maison et s'attabla. L'étranger, qui s'affairait autour du fourneau, dit soudain:

— Tu sais, va prendre l'argent toi-même, il est sur la table dans la pièce à côté.

Dès qu'il fut question d'argent, le fermier sentit toute la gêne passer. Il entra dans la chambre voisine, et à peine avait-il avancé d'un pas vers la table qu'il resta figé de stupeur: le plateau de la table était couvert de piles de pièces d'or. Il y en avait bien plus que ce que valait une voiture pleine de blé; avec tout cet argent on aurait pu acheter tout un village, champs et forêt compris. Ses mains brûlaient le fermier, mais, finalement, il ne prit que la somme sur laquelle il s'était entendu avec l'étranger. Il mit l'argent dans sa poche et rentra dans la première pièce. Là-bas, la table était déjà mise, dans le plat un morceau de viande fumée dégageait un fumet délicieux, et à côté de l'assiette reposait un canif.

Mais oui, un couteau, mais quel couteau! C'était le canif

du fermier qu'il avait perdu bien avant la moisson dans la lutte avec Vichar.

— Pourquoi ne manges-tu pas? demanda l'étranger, arrachant le fermier de ses pensées.

— La faim t'a passé? Et pourquoi ne cesses-tu de regarder mon couteau?

— Voyons, ce couteau est à moi! Où l'avez-vous trouvé?

— Je ne l'ai pas trouvé, c'est toi-même qui me l'as jeté, dit l'étranger, et il se décoiffa.

Il avait sur le front une longue et profonde cicatrice. Alors le fermier comprit qu'il avait devant lui Vichar, celui-là même qui lui avait par deux fois balayé tout le foin sur le champ. Sans même savoir ce qu'il faisait, il s'empara du couteau, et de toutes ses forces le lança sur l'homme qui se tenait devant lui. Mais le couteau traversa la pièce vide, car Vichar avait entre-temps repris sa vraie apparence. La porte ouverte claqua avec un grand fracas et toutes les assiettes tombèrent du vaisselier.

— Tu as la chance d'être mon hôte! fit une voix dans le dos du fermier.

Vichar était bien sorti par la porte, mais il était rentré aussitôt par la fenêtre. A nouveau, il s'y tenait bien visible et remettait le chapeau sur la tête.

— Si nous nous rencontrons encore dans les champs, ça ne se passera pas comme aujourd'hui. Maintenant, je suis bien obligé de t'épargner, car tu as pris de la table juste la somme qui te revenait.

Le fermier quitta la pièce aussi rapidement que, tout à l'heure, Vichar. Il sauta sur son chariot, et les chevaux passèrent à la vitesse d'une flèche par la grande porte. Heureusement, la route sèche traversait encore l'étang, mais dès que les roues de la voiture eurent touché l'autre rive, un murmure se fit entendre et l'eau se renferma. Le fermier effrayé ne savait même pas comment il s'était retrouvé chez

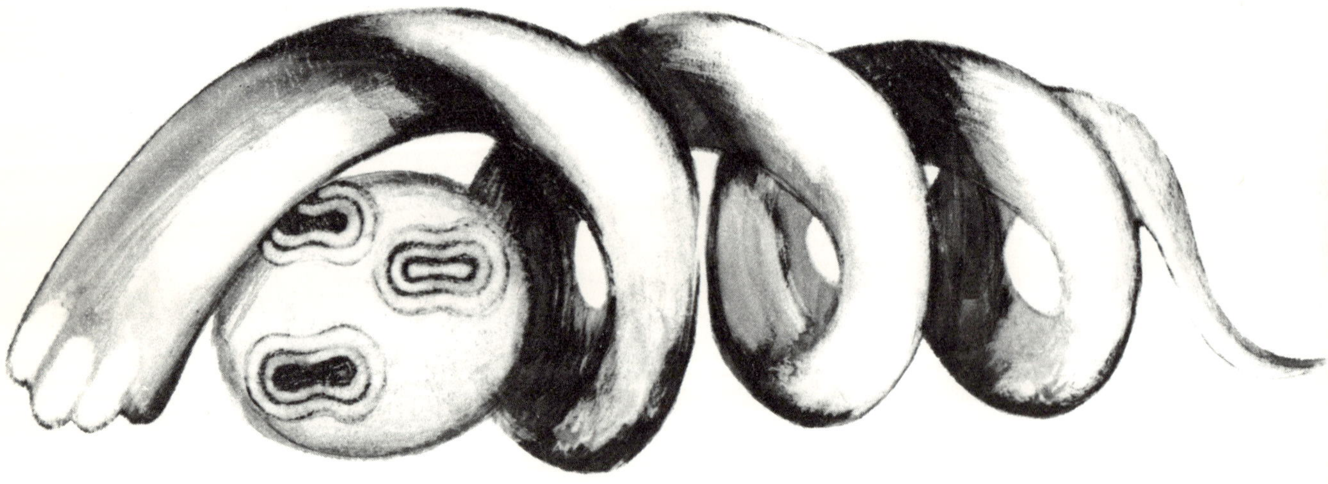

lui, dans sa maison. D'ailleurs, il en fut malade pendant quelques jours! Et lorsqu'il quitta pour la première fois le lit, il alla à la fenêtre prendre un peu d'air frais. Et savez-vous ce qui reposait sur l'appui de la fenêtre? Eh, oui, un couteau — et toujours celui-là même que le fermier jeta deux fois sur l'invisible Vichar. Il le soupesa dans la main, de son doigt il effleura la lame, puis il sortit dans la cour et alla tout droit au puits, pour y jeter le couteau. Lorsque le fermier se retourna, il vit dans la cour une énorme touffe de foin, mue par une force invisible, qui se précipitait en dehors, par la porte. Le fermier se hâta devant la porte et il ne quitta pas de ses yeux le gros tas de foin qui roulait sur le chemin, tout en ramassant des épis de blé et des brins de paille, des brindilles et du sable.

— En jetant ce sacré couteau dans le puits, le fermier avait conjuré pour de bon le pouvoir maléfique de Vichar», dit le vieux Kito Pank, en terminant son histoire.

Au-dehors, une bourrasque se déchaînait, et par la fenêtre, un éclair jeta un coup d'œil dans la pièce. Le tonnerre gronda, et je me suis rendu compte que le ciel ne commence pas là où flottent les nuages et où brillent les étoiles. Le ciel effleure les couronnes des arbres et même les brins d'herbe à nos pieds. Nous-mêmes, avec nos têtes et nos bras, avec tout notre corps, nous sommes en quelque sorte en visite dans le ciel. Il n'est donc pas étonnant qu'il nous arrive d'affronter les pouvoirs célestes et même ces mystérieux êtres célestes, tel que l'invisible Vichar ou le cruel petit père Gel.

Les fiançailles du Gel

C'était à cette époque où les gens vivaient plus près de profondes forêts fourmillant de fantômes, et des montagnes peuplées de voix inconnues. C'était à l'époque où le ciel n'était pas aussi vide qu'aujourd'hui et où la peur poussait les gens à se tenir devant lui constamment sur leurs gardes. Dans ces temps-là, un vieux paysan et une vieille femme vivaient dans un village et ils avaient trois filles. L'aînée Marfa était la seule enfant que le fermier avait eue avec feu sa première femme, tandis que les deux autres étaient nées du second mariage. Elles étaient toutes les trois bien jolies, cependant pas toutes aussi bonnes que belles. Tandis que Marfa dès potron-minet accomplissait tous les durs travaux de la maison, ses sœurs continuaient tranquillement à dormir presque jusqu'à midi, se levant quand tout était bien rangé, et les planchers balayés. La vieille femme était sans cesse aux petits soins de ses deux filles, les dorlotant constamment et, si elle avait pu, elle leur aurait promis la lune. Mais la pauvre Marfa, elle, avait beau porter des seaux d'eau, allumer le feu, donner à manger aux vaches, jamais la marâtre ne lui adressait un seul mot gentil. «Espèce de fainéante, d'écornifleuse», la grondait-elle sans cesse, «ta croûte de pain avec du sel, cela nous coûte encore trop cher!»

Quand elle entendait ses mots injustes, Marfa allait toujours se blottir dans le plus sombre coin d'un réduit pour y laisser couler ses larmes en silence, mais bientôt elle retournait à la besogne qui ne manquait jamais dans la maison. Imaginez seulement, qu'elle devait même aller chercher de l'eau fraîche pour la toilette de ses demi-sœurs, quand elles quittaient enfin leur lit. D'ailleurs, celles-ci, une fois levées, suivaient l'exemple de leur mère et se jetaient, pareilles à des frelons, sur la pauvre Marfa: «Comment, tu n'as pas encore ciré mes chaussures, Marfa? — Marfa, tu t'imagines peut-être que je vais repasser moi-même mon jupon? — Marfa! Marfa! Marfa!...»

Le pauvre père déjà vieux et tout tremblant, assistait muet au spectacle et comme Marfa, il en avait les larmes aux yeux.

Marfa dut endurer toutes ces misères, mais cela ne suffisait pas pour la coléreuse marâtre sans cœur, qui s'était mis en tête de se débarrasser coûte que coûte de sa fille adoptive.

— Il est grand temps que Marfa se marie et quitte la maison! dit-elle un jour à son mari.

— Bon, bon, on va voir, marmotta le fermier.

— Tu m'écoutes enfin? reprit la fermière. Demain matin tu vas atteler notre jument au traîneau et tu suivras le chemin tout droit jusqu'à la croisée où tu tourneras vers la forêt. Et tu ne t'arrêteras qu'une fois au pied du grand pin, tu vois, celui qui se dresse, tout seul, au sommet de la colline.

Après ces paroles, la marâtre courut annoncer à Marfa:

— Va ramasser tous tes effets et mets-les avec ton linge dans un coffre! Demain, tu iras en visite.

En entendant cela, Marfa s'était tellement réjouie et attendait avec tant d'impatience le lendemain que son cœur battant comme une cloche l'empêcha même de dormir. Le jour suivant, elle se leva encore avant l'aube, pria plus longtemps que d'habitude, et après avoir rangé au fond du coffre ses quelques pauvres habits usés jusqu'à la corde qu'elle possédait encore, elle se coiffa et s'habilla avec tant de soins que, du coup, elle se transforma en une si belle jeune fille qu'elle n'avait pas sa pareille à la ronde. Il ne manquait qu'un fiancé pour l'amener avec lui!

Ayant attelé le cheval au traîneau, le fermier l'attacha devant la porte et retourna dans la pièce pour prendre son petit déjeuner. Il invita sa fille à s'installer à ses côtés.

— Alors, vieille baderne, tu vas faire ce que je t'ai dit, hier, lança la fermière, d'une voix railleuse, en versant dans l'écuelle le bortsch de la veille. Tu vas amener Marfa auprès d'un fiancé qu'elle mérite. Quand vous serez arrivés au pied du grand pin sur la colline, tu déposeras Marfa au pied de l'arbre. Cela fait, tu retourneras, sans tergiverser une minute — te dis-je, à la maison. Elle n'auras qu'à épouser le petit Gel, le brave gaillard de Gel! Il trouvera sûrement le moyen de s'approcher d'elle!

En entendant cela, le vieux fermier cessa de mâcher, restant là, bouche bée, les yeux écarquillés de stupéfaction. Marfa laissa choir le cuiller en bois dans l'écuelle en éclaboussant la table de quelques gouttes de soupe, et elle éclata en sanglots, se lamentant amèrement.

— Qu'as-tu à hurler de la sorte, espèce d'idiote? N'est-il pas beau, Gel, avec ses fleurs de givre? N'est-il pas riche, avec tous ces sapins, épicéas et bouleaux qui lui appartiennent — et cela même sans parler du duvet dans lequel tous ses arbres sont enveloppés? Quelle chance d'avoir un tel héros pour mari!

Marfa, le cœur serré d'angoisse, ne faisait plus que sangloter, tout doucement. Sans mot dire, le fermier se leva et alla charger le coffre sur le traîneau, puis il ordonna à sa fille d'endosser un manteau de fourrure. Et déjà il faisait claquer son fouet et le traîneau glissa comme le vent, sur la neige. Bientôt ils quittèrent la route et s'engagèrent sur le petit chemin menant à la forêt toute proche, et après avoir gravi le flanc de la colline, le traîneau fit halte sous le grand pin. Après avoir déposé le coffre tout près de l'arbre, le fermier commanda à sa fille de s'asseoir dessus.

— Ne pleure pas, fillette, ne pleure pas, lui dit-il, tu verras, le bon Dieu ne t'abandonnera pas. Comme la marâtre te l'a ordonné, attends ici ton fiancé; mais surtout, rappelle-toi une chose: quand il sera là, sois avec lui gentille et aimable et avant tout garde-toi bien de le fâcher!

Après avoir prononcé ces paroles, le vieux père regagna le traîneau, fit demi-tour et disparut bientôt parmi les arbres.

Assise sur le coffre joliment peint, au pied du pin élancé qui se balançait dans le vent, Marfa resta là, toute seule, n'ayant pour compagnie que les grands tas de neige et le haut pin qui agitait sa cime. Comme la pauvrette se sent esseulée et abandonnée de tous! Transie de froid, elle tremble comme une feuille, et à force de sangloter, elle n'a presque plus de voix pour se lamenter sur son sort. Ses dents ne cessent de claquer de froid. De ses jolis yeux jaillissent les larmes, mais au lieu de couler sur ses joues, elles se figent aussitôt, transformées en givre. Soudain, quelque part au loin, un craquement et un halètement se font entendre! Cela ne peut être personne d'autre que le petit Gel. Et vrai de vrai! Le voilà, le fameux Gel, le voilà qui saute d'un épicéa à un pin, d'un pin à un épicéa, faisant tomber toute la neige des arbres, transformant en glace tout ce qu'il effleure. Un court instant passa, et le voici qui s'installe dans les branches du pin, au-dessus de la tête de Marfa.

— Comment vas-tu, fillette, ma petite fiancée? As-tu chaud? lui crie-t-il.

Marfa serra de plus près sa fourrure, enfonça plus profond ses mains dans les manches, et s'efforça d'esquisser une moue aussi aimable qu'elle put.

— J'ai chaud, petit père Gel, j'ai chaud, mon fiancé rêvé! N'as-tu pas remarqué le rose qui est venu sur mes joues grâce à ta présence?

Gel se fit tout de suite glisser sur une branche plus basse et à nouveau l'interrogea:

— Et maintenant, tu as encore plus chaud, ma petite colombe?

O pauvre petite Marfa! Le gel lui coupe le souffle, chaque cheveu la brûle, en dépit de son bonnet de fourrure, le rose s'effaça complètement de ses joues, mais malgré cela, Marfa s'entend répondre:

— J'ai chaud, j'ai chaud, mon brillant héros!

C'est alors que Gel descendit juste au-dessus de la tête de Marfa et de sa main glacée il lui caressa les joues.

— Voyons, comment te sens-tu à présent, ma toute belle? Tu as toujours chaud?

Marfa, déjà gelée jusqu'aux os, souffla d'une petite voix, à peine perceptible:

— Comment ne pourrais-je pas ne pas avoir chaud, mon doux petit Gel! C'est que tes caresses sont brûlantes.

Un conte de fées est vite raconté, mais dans la vie, tout se passe bien plus lentement. Il est impossible de décrire en quelques phrases tout ce froid que la pauvre Marfa dut supporter.

La patience de la jeune fille plut à Gel et il la prit en pitié. Quand celle-ci fermait déjà les yeux pour s'endormir de l'éternel sommeil, Gel l'enveloppa de multiples fourrures et l'enfouit sous un amoncellement de couvertures moelleuses.

Le matin du jour suivant, la vieille fermière se mit à secouer son mari et vociféra:

— Debout, espèce de bon à rien, monte dans le traîneau, et va réveiller nos jeunes mariés!

Sans discuter, le vieux se leva et s'en alla atteler le cheval et, le ventre creux, il se mit aussitôt en route pour la forêt. Cette fois-ci, il lui sembla que la distance entre le village et le haut pin avait au moins doublé. Mais lorsqu'il s'arrêta enfin au pied de l'arbre, il resta là, figé de stupeur, ne sachant s'il veillait ou rêvait: assise sur le coffre comme la veille, sa fille était là, plongée dans un doux sommeil, enveloppée de fourrures et enfouie sous une couche de couvertures. Elle portait sur sa tête un magnifique voile de mariée, léger comme une brise, et tout cousu d'or. Le couvercle du coffre se soulève légèrement, laissant entrevoir des piles du plus fin linge et de robes en soie et brocart. Le vieux père prend sa fille entre les bras et dit:

— Réveille-toi, ma petite Marfa, on rentre à la maison!

Vite, il chargea le coffre contenant les cadeaux de Gel sur le traîneau, fit monter Marfa à ses côtés et déjà le traîneau s'envolait soulevant derrière lui des tourbillons de neige. Arrivée à la maison, la jeune fille se jeta sur les genoux devant sa marâtre, mais celle-ci voyant Marfa saine et sauve, ne pouvait même pas articuler un mot, tant elle était en colère. Alors seulement quand sa rage se fut quelque peu apaisée, elle remarqua enfin le splendide voile et enfonça les mains dans le coffre regorgeant de linge.

— Demain, tu mèneras chez le fiancé nos deux cadettes,

annonça-t-elle à son mari. Je voudrais bien voir s'il ne va pas les combler de cadeaux, si ce souillon de Marfa a pu rentrer avec toute cette fortune?

Le lendemain, quand les deux filles se furent enfin levées, la vieille leur prépara un bon déjeuner copieux, arrangea ensuite les couronnes de fiançailles sur leurs têtes et le fermier les emmena à l'endroit bien connu.

Et les voilà déjà assises sur leurs coffres au pied du pin, chacune emmitouflée jusqu'aux oreilles dans trois fourrures.

— Quelle folle idée s'est mise encore en tête notre mère: nous marier à un seul homme! riaient-elles à gorge déployée.

Mais bientôt elles n'eurent plus aucune envie de rire: le froid avait su se frayer un chemin à travers trois manteaux de fourrure.

— Eh bien, ça va, Parascha? Cela te tente toujours, la lune de miel? Tu ne préférerais pas plutôt échanger le fiancé contre un samovar et un bol de thé bouillant?

— Occupe-toi de tes moutons, lança Parascha en réponse, toi, de toute façon, tu n'étais toujours qu'une pantouflarde! Mais moi, je vais tout de même attendre ce garçon beau comme le jour.

— Quoi? Tu ne penses tout de même pas qu'il voudra de toi? répliqua à son tour la première. Tu ne sais même pas filer: tu es juste bonne pour faire des commérages avec les voisines! On va voir sur laquelle de nous deux il jettera son dévolu, laideron, espèce d'imbécile!

Et elles continuaient de se traiter de tous les noms, en criant à tue-tête tant et si bien qu'elles n'avaient même pas entendu craquer et tintinnabuler les branches au passage du puissant Gel qui, bondissant d'un arbre à l'autre, s'approchait du haut pin. Alors qu'il n'était plus qu'à quelques mètres des jeunes filles, Parascha enfin tendit l'oreille:

— Ecoute, le fiancé s'approche, on entend déjà le tintement des grelots de son cheval!

— Je n'entends rien du tout et je me sens mal, le gel m'écorche la peau. Si cette fois, ce n'est pas le fiancé qui vient nous chercher, on va trépasser.

Mais Gel venait déjà s'installer sur le sommet du pin:

— Alors, avez-vous chaud, mes petites colombes?

— Quel culot de poser une question si idiote! Nous attendons notre fiancé, seulement, nous sommes déjà gelées jusqu'aux os.

Gel se fit glisser plus bas, sur le pin, afin de chatouiller un tantinet les jeunes filles sur les joues:

— Avez-vous chaud, mes beautés? Avez-vous chaud, mes blanches perce-neige?

— Va au diable, toi, et tes stupides questions! On ne sent

plus nos mains et nos pieds et toi, tu oses encore plaisanter!

C'est alors que Gel descendit juste au-dessus des têtes des jeunes filles.

— Avez-vous chaud?

— Va-t'en, disparais! Que le diable t'emporte!

Mais Gel n'est pas un fiancé comme les autres. Plus les jeunes filles le rebutaient, plus il les aimait. A tel point qu'il finit par sauter du pin à terre pour épouser les deux sœurs.

Le matin la fermière réveilla son mari:

— Lève-toi, vieux feignant, va atteler le cheval et surtout n'oublie pas de prendre les fourrures! A l'heure qu'il est, elles doivent être toutes glacées, mes pauvres mignonnettes chéries. C'est à peine si l'on ose traverser la cour, tellement il gèle.

En toute hâte, sans même prendre le petit déjeuner, il dut monter dans le traîneau et filer vers la forêt. Mais quand son cheval stoppa au pied du pin, il ne trouva, sur les coffres, que les cadavres de ses deux cadettes. Doucement, il les souleva et les déposa dans le foin sur le traîneau, en les couvrant de fourrures, devenues inutiles.

Sur le pas de la porte, la fermière le guettait déjà.

Elle bondit près du traîneau, écarta les fourrures et aperçut les deux jeunes visages voilés de givre.

— Qu'as-tu fait, assassin? se rua-t-elle sur son mari. Tu m'as tué mes fillettes, le seul plaisir de ma vie, mes rouges petites fraises!

— Tout cela est de ta faute, méchante sorcière! Obsédée par l'idée d'amasser des richesses, tu ne pensais plus à tes enfants. Tu te souciais fort peu à quel point leur fiancé pouvait être horrible.

La fermière avait beau pleurer à chaudes larmes, ses pleurs ne ramenèrent pas à la vie ses filles gelées. Il ne lui resta plus qu'à les enterrer. Mais quand elle eut fini de les pleurer, elle se trouva comme transformée. Elle n'affectait plus aucune hostilité envers Marfa et dès lors elles vécurent en bonne entente en s'aidant mutuellement. Comme Marfa était un joli brin de fille, un des jeunes voisins se présenta bientôt pour la demander en mariage et avant qu'un mois se fût écoulé, une grande et joyeuse noce fut célébrée dans la ferme.

Les jeunes époux vécurent ensemble dans l'amour et l'harmonie, et jamais rien ne troubla leur bonheur. Et lorsque Marfa faisait le ménage dans la pièce où se trouvait son coffre, il lui arrivait parfois de l'ouvrir et, à la vue de beau voile tout d'or cousu, elle songeait à ce prétendant bizarre, qui, par bonheur, l'avait éconduite.

Le Livre d'images des Étoiles

«Là où brûlent les lampes, restent les traces de l'huile,
Là où brûlent les bougies, coule la cire.
Seules les lumières célestes brillent nettement et sans taches.»

Johann Wolfgang Goethe

La belle pupille et les trois évadés

Dans un pays lointain s'étendait une immense forêt dans laquelle vivait un homme pauvre et sa femme. Ces gens étaient si pauvres que l'endroit où ils habitaient ne ressemblait même pas à une habitation. Mais parfois le bonheur rend visite aux plus miséreux. Au plus profond de la forêt, dans cette cabane à moitié en ruines, la femme mit au monde une petite fille d'une beauté éclatante. Seulement voilà, avec le premier tendre sourire de l'enfant vint aussi le premier souci: comment faire baptiser l'enfant quand la maison ne recélait pas même un sou, et quand, personne ne l'ignorait, le prêtre refusait de donner le baptême à un nouveau-né sans argent.

Le père espérait trouver quelqu'un qui voudrait bien être le parrain de la fillette, et qui par conséquence, payerait aussi le baptême. Il se rendit donc dans le plus proche village et se mit à faire le tour des maisons, s'arrêtant d'abord chez des riches, puis chez des gens moins fortunés, mais personne ne voulait tenir sa fille sur les fonts baptismaux. Quand il ne resta plus à visiter que les gens aussi pauvres que lui, il avait perdu tout espoir.

Il faisait déjà sombre lorsqu'il reprit le chemin du retour. Soudain, un lourd parfum parvint aux narines de l'homme, comme si toutes les fleurs de la forêt venaient d'ouvrir leurs calices et respiraient au même moment. Sur le chemin avançait à sa rencontre une dame d'une beauté éblouissante, vêtue d'une robe en soie dont la couleur rappelait la fraîche herbe de la forêt. Un tel pouvoir et une telle sagesse émanaient des yeux de la dame que l'homme ne put se retenir et la pria de bien vouloir être la marraine de son enfant.

La dame le dévisagea longuement, puis elle dit:

— C'est avec plaisir que je serai marraine de ton enfant. Je payerai même le baptême. Mais je n'y mets qu'une condition: il faut que tu me donnes cet enfant!

L'homme en fut d'abord interloqué, mais comme il se rendait très bien compte qu'il ne trouverait plus un autre parrain, il ne refusa pas tout à fait la proposition de la dame et lui dit qu'il allait d'abord en parler à sa femme. De retour, il annonça à son épouse l'échec de sa démarche dans le village et, puis, il lui raconta son étrange rencontre avec la mystérieuse dame. Mais seulement, comment imaginer qu'une heureuse maman puisse se séparer de son enfant! Déjà la seule idée que sa petite fille puisse disparaître à jamais de sa vie la rebutait au plus haut point. Le lendemain matin, l'homme dut retourner au village. Mais ni le second, ni le troisième jour, il ne réussit à trouver ce qu'il cherchait. Comme il rentrait à la maison, il rencontra à nouveau la dame inconnue et il n'hésita pas à lui promettre l'enfant — à condition qu'elle le fasse baptiser avec son argent. Le jour suivant, la dame apparut dans la cabane, caressa l'enfant sur le front, puis elle s'en alla, en l'emmenant avec elle.

L'enfant n'apprit jamais sous quel pauvre toit elle était née. Dans la grande maison de sa tutrice, elle ne manquait de rien. Elle grandissait en une belle petite fille qui donnerait sûrement beaucoup de satisfaction à ses parents. Elle était gracieuse et calme et aussi modeste que si elle avait réellement vécu depuis toujours dans une petite cabane où chaque jour n'apporte pas son pain.

Lorsque la fillette fut devenue assez indépendante pour pouvoir rester toute seule à la maison, sa tutrice décida d'entreprendre un voyage. Avant son départ, elle dit à la petite fille:

— Je dois aller de par le monde. Tu peux jouer dans le jardin autant que tu voudras, tu peux parcourir la maison en tous sens, mais n'entre jamais dans ces trois chambres!

Et elle lui indiqua trois portes.

Le jour-même la tutrice s'en alla et la petite fille resta toute seule. Au début, elle s'amusait à jouer, mais bientôt elle ne savait plus où porter son regard, et comment occuper ses mains. Quand elle ne savait plus quoi faire d'envie, les trois mystérieuses portes lui revinrent à l'esprit. Pendant longtemps, elle rôda autour de la première, en écoutant attentivement, mais bientôt elle ne put résister à l'envie d'y jeter un coup d'œil et elle entrouvrit la porte. A peine l'eut-elle poussée que la porte s'ouvrit toute grande et — sssss! une Étoile fila dehors.

Quand la dame rentra de voyage et constata que l'enfant avait désobéi à son ordre, une grande colère s'empara d'elle.

— Malheureuse! s'écria-t-elle,
dans le vaste ciel, l'Étoile peut à présent flâner,
moi seule de sa prison, pouvais la délivrer!

La dame voulut sur-le-champ chasser la fillette de sa maison, mais les pleurs et les supplications de l'enfant fléchirent sa colère. Au bout d'un certain temps, la dame fit ses préparatifs pour un nouveau voyage et avec insistance, elle répéta à l'enfant:

— Je dois encore partir par le vaste monde. Tu peux jouer dans le jardin, te promener à ta guise dans la maison, mais ne mets jamais le pied dans les deux chambres!

La tutrice s'en alla et la petite fille resta seule. Au début, les jeux semblaient l'intéresser, mais bientôt plus rien n'attira son regard ni occupa ses mains. Bientôt, elle ne savait plus comment passer le temps, elle se souvint des deux mystérieuses portes. Pendant un moment, elle fit les cent pas devant la seconde, tout en tendant l'oreille, mais bientôt la curiosité l'emporta sur ses craintes, et tout doucement, elle en poussa un battant. Mais c'était justement ce qu'il ne fallait pas faire! La porte s'ouvrit largement et — sssss! la Lune s'envola en dehors.

L'enfant prit la tête entre ses mains et éclata en sanglots car elle n'ignorait pas ce qu'il s'ensuivrait. De retour à la maison, la dame s'aperçut immédiatement que la seconde pièce était vide, et elle entra dans un grand courroux:

— Malheureuse! se lamentait-elle,
dans le vaste ciel, la Lune peut à présent flâner,
moi seule de sa prison, pouvais la libérer!

Elle reprocha sévèrement à la petite fille d'avoir, pour la seconde fois, enfreint son interdiction formelle. Sa désobéissance, cette fois, ne pouvait échapper à la punition. Et elle ordonna à la fillette de quitter immédiatement sa maison. La petite malheureuse se mit à pleurer à fendre l'âme, elle s'accrochait sans cesse aux mains de sa tutrice et se serrait contre ses jupes si fort qu'une pierre se serait attendrie sur son grand chagrin. Au bout de quelque temps, la dame finit par prendre son parti de la fuite de la Lune et l'enfant put rester dans la maison.

Le temps passa, et la petite fille cessa de jouer avec les poupées. A présent, c'était une très belle fille aux cheveux d'or et qui plus est, elle assistait sa tutrice avec un grand zèle dans tous les travaux ménagers. Elle s'affairait dans la maison, faisait partout le ménage, à l'exception d'une porte qu'elle n'osait même pas regarder et encore moins toucher. Un jour, la dame décida encore une fois de partir en voyage. Elle ordonna à la jeune fille:

— Tu peux te promener où tu veux dans le jardin et la maison, mais malheur à toi, si tu oses toucher à la troisième porte!

Lorsque la dame fut partie, la jeune fille s'était mise à broder, chantant doucement et, de temps à autre, elle levait la tête pour contempler le paysage par la fenêtre. Mais tout d'un coup, sans savoir pourquoi, elle devint triste. Le travail ne l'amusait plus et elle se mit à flâner dans la maison jusqu'à ce qu'une force mystérieuse l'attirât devant la porte interdite. Et, comme les deux fois précédentes, une curiosité irrésistible s'empara d'elle. Mais à peine eut-elle entrouvert un tout petit peu la porte, que celle-ci s'ouvrit en grand et — sssss! le Soleil s'en échappa en volant.

La tutrice rentra, et en voyant le visage de la jeune fille baigné de larmes, elle comprit immédiatement ce qui s'était passé. Mais cette fois-ci elle se fâcha au point que ni pleurs ni supplications touchantes ne sauvèrent plus la jeune fille.

— Cesse de te lamenter et de m'implorer! dit-elle,
dans le vaste ciel, le Soleil peut à présent se promener,
moi seule de sa prison, pouvais le libérer!

Tu as trahi ma confiance et tu mérites donc une punition pour que tu éprouves sur toi-même, à quel point on peut souffrir en perdant ce qui est cher à notre cœur. Maintenant, va-t'en! Tu peux seulement choisir si tu veux vivre muette dans de beaux salons ou garder l'usage de la parole, mais habiter dans une misérable chaumière.

La jeune fille ignorait qu'elle était née dans un pauvre berceau, et comme chez sa tutrice elle n'était jamais dans le besoin, elle préféra la mutité dans de beaux salons.

— Quoique muette, je préfère vivre dans de belles chambres, ainsi formula-t-elle son vœu — et ce furent ses derniers mots.

A partir de cet instant-là, ses lèvres n'émirent plus un seul son. Silencieuse et triste, elle fit ses adieux à sa tutrice et partit dans une direction qui lui était inconnue. Elle marcha ainsi longtemps, quand, un soir, elle arriva dans une grande forêt. Elle regardait autour d'elle, à la recherche d'un abri pour la nuit, lorsqu'elle remarqua un grand arbre qui se dressait juste au-dessus d'une petite fontaine à l'eau limpide. Elle y grimpa, et se blottit entre ses larges branches.

La jeune fille ne se doutait point que non loin de là s'élevait un beau château où habitaient un prince et sa mère. Tôt, le lendemain matin, quand le jour commença à poindre, une servante du château vint chercher à la fontaine de l'eau pour le thé du prince. Elle s'inclina au-dessus de l'eau et aperçut dans ce miroir le visage d'une très belle fille. Persuadée que la fontaine réfléchissait son propre visage, elle rejeta le seau et retourna au château les mains vides.

— A-t-on déjà vu une belle jeune fille comme moi destinée à faire la fille de cuisine et se traîner avec des seaux d'eau? disait-elle, tête haute, à tous ceux qui voulaient bien l'écouter.

Et elle ne toucha plus à la besogne. On dut donc envoyer une autre servante chercher de l'eau, mais quand celle-ci vit dans le miroir de l'eau le reflet du beau visage d'une jeune fille, elle pensa, à son tour, que c'était le sien. Elle aussi retourna au château les mains vides et le nez en l'air.

Pendant ce temps-là, impatient, le prince attendait toujours son thé. Mais quand l'attente lui parut trop longue, il se rendit en personne à la fontaine et dans les branchages de l'arbre il aperçut la belle inconnue. Il la descendit tout de suite, l'emmena avec lui au château et décida de la prendre pour femme. Seulement, la reine, sa mère, s'y opposait avec véhémence:

— Tu vois bien qu'il est impossible de lui arracher une parole. Et si c'est une ondine par laquelle le malheur s'abattra sur nos têtes!

Mais le prince ne voulait rien entendre et en dépit des propos malveillants de la reine, il se maria avec la jeune fille. Ainsi se réalisa la promesse de sa tutrice: la muette vivait désormais dans de beaux appartements et par surcroît avec un époux royal. Au bout de quelque temps, la jeune fille mit au monde un petit garçon. Selon le conseil de la vieille reine, le prince fit veiller des gardes près de son lit, pour qu'aucun pouvoir maléfique ne puisse troubler l'enfant. Mais soudain les paupières des gardes vigilants se firent tellement lourdes qu'ils tombèrent endormis. Au même instant, la tutrice fit son apparition auprès du lit de sa pupille. Elle coupa le nouveau-né au doigt et puis elle barbouilla les lèvres et les mains de la jeune mère avec le sang du bébé. Sur quoi, elle dit:

— A présent, tu vas connaître ce qu'est la souffrance. Tu perdras ce qui t'est le plus cher au monde et tu en souffriras autant que moi j'ai souffert, quand tu as laissé échapper l'Étoile. A ces mots la dame disparut, emmenant l'enfant avec elle.

Les gardes s'étaient aussitôt réveillés, mais voyant que l'enfant n'était plus dans le berceau, ils se mirent à crier à tue-tête.

— Elle l'a mangé! retentirent leurs cris dans tout le palais au beau milieu de la nuit. Regardez, sa bouche et ses mains sont couvertes de sang! C'est une sorcière, brûlons-la!

La vieille reine se rangea du côté des gardes, mais le prince n'accordait pas foi à leurs accusations, et sauva ainsi la jeune fille des flammes rouges du bûcher.

Quand au bout de quelque temps la jeune reine eut son second enfant, le prince plaça auprès du bébé deux fois plus de gardes que la première fois. Mais cette fois-ci encore, les hommes s'endormirent juste au moment où la tutrice fit son apparition au-dessus du lit de sa pupille. Elle coupa le petit garçon au doigt et après avoir barbouillé du sang de l'enfant les lèvres et les mains de la jeune reine, elle dit:

— Maintenant seulement, tu vas ressentir la vraie douleur. Tu perdras ce que tu aimes le plus au monde et tu en souffriras autant que moi j'ai souffert lorsque tu as laissé la Lune s'échapper.

Et elle disparut à nouveau, en emportant l'enfant avec elle.

Lorsque la vieille reine apprit la nouvelle de la disparition du deuxième enfant, elle fit venir derechef les sbires et décida de faire brûler vive la jeune reine.

— Je m'en doutais, dit-elle au prince, c'est bien une sorcière. Elle vient de manger même son second enfant!

A grand-peine, le prince réussit à calmer sa mère courroucée. Il aimait sa femme au point que cette fois-ci encore, il l'arracha à la terrible condamnation. Lui-même était incapable d'admettre la simple idée que son épouse fût capable de faire pareille chose.

Lorsque, quelque temps plus tard, un troisième petit garçon naquit à la jeune reine, le prince tripla les gardes placés près de son lit dans l'espoir que cette fois, aucun mal ne serait fait à l'enfant. Mais au milieu de la nuit les yeux des gardes se fermèrent malgré eux et la tutrice se pencha de nouveau sur le lit de la jeune femme. Elle coupa le garçon au doigt et après avoir enduit les lèvres et les mains de la jeune reine avec le sang du bébé, elle dit:

— Maintenant seulement, tu vas ressentir la vraie douleur. Tu vas perdre l'être que tu aimes par-dessus tout au monde et tu en souffriras autant que moi j'ai souffert lorsque tu as laissé le Soleil s'échapper.

A ces mots elle prit le garçonnet dans ses bras et s'en fut.

Quand les gardes affolés annoncèrent que l'enfant avait disparu une fois de plus, la vieille reine les envoya immédiatement dans la chambre de la jeune femme avec l'ordre de la ligoter et de dresser ensuite sans tarder un bûcher. Cette fois-ci toutes les prières et supplications du prince furent vaines. Au point du jour, un triste cortège se dirigea vers le bûcher. A sa tête, les bourreaux menaient la malheureuse fille enchaînée, incapable de dire un mot pour se défendre contre la fausse accusation. Les larmes perlaient sur ses joues, mais les lèvres muettes ne laissèrent s'échapper le moindre petit soupir.

Déjà le cortège arrivait au pied du bûcher quand, soudain, un parfum majestueux se répandit partout dans l'air, comme si toutes les fleurs de la terre répandaient leurs effluves en même temps. Une dame inconnue, d'une beauté éblouissante, venait à la rencontre du cortège et de son regard émanait une immense sagesse, comme si ses yeux étaient habitués à contempler encore autre chose que ce monde ici-bas. A ses côtés, deux jolis garçons se tenaient dans ses jupes, vertes comme la fraîche herbe des bois, tandis que le troisième dormait tranquillement dans ses bras. La dame s'approcha de la jeune reine, de sa main elle effleura ses liens qui tombèrent aussitôt. Puis elle dit:

— J'ai le pouvoir de tout prendre, mais je peux aussi faire des dons. Des années durant, tu étais au service de la Mère Nature, chère fille. Je te rends tes enfants et je vais continuer à veiller sur eux, comme j'ai veillé sur toi pour que tu ne sois pas morte de faim. Tu as pu ressentir sur toi-même la souffrance que j'ai vécue lorsque tu as ouvert la porte à mes enfants — Étoile, Lune et Soleil, — et ils se sont enfuis de ma maison.

A l'instant même, la jeune reine recouvra l'usage de la parole, mais il n'y avait plus personne qu'elle aurait pu remercier. La Mère Nature avait disparu, seul le parfum capiteux des fleurs flottant encore dans l'air, et l'herbe verte, soyeuse comme sa robe, témoignèrent de son passage. Et elle avait laissé aussi les étoiles, déjà pâlissantes, et le soleil, qui venait de se lever. La reine prit donc dans ses bras son plus jeune garçon, le prince prit par la main les deux aînés, et accompagnés de tout le cortège, ils retournèrent gaiement au château. La jeune reine put enfin expliquer à la mère du prince comment elle avait laissé s'échapper l'Étoile, la Lune et le Soleil de la demeure de la Mère Nature et pourquoi l'étrange disparition de ses enfants. Depuis ce jour-là, toute la famille royale vécut dans le bonheur et la bonne entente. Et le prince ne put jamais se rassasier d'écouter les beaux mots tendres que sa femme lui soufflait doucement à l'oreille, chaque fois que son règne lui causait trop de soucis.

Nyoko l'affamé

Dans une hutte vivaient un homme et sa femme. Depuis de nombreuses années ils y habitaient seuls, sans enfant. Mais comme ils auraient aimé avoir à s'occuper d'un gamin! Pendant de longues soirées, ils restaient assis en silence, près du feu, sachant que le jour suivant serait semblable aux jours précédents: l'homme partirait à la chasse pour rapporter de la viande et la femme, elle, ferait cuire sous la cendre des galettes pour son mari et pour elle-même.

— Si déjà nous ne pouvons pas vivre et travailler pour un petit garçon ou une petite fille, trouvons au moins un animal qui ait besoin de nous! dit un jour la femme.

Ils s'en allèrent donc dans la forêt, pour y chercher un être vivant. Mais on eût dit que la forêt avait décidé de ne rien leur montrer. Point de tapir, de singe, ni même de jaguar; partout régnait un silence de mort. L'homme et la femme sortirent alors de la forêt, mais dans la plaine il en était de même, comme si tous les oiseaux et tous les animaux avaient disparu.

Après avoir fouillé avec beaucoup de peine le moindre buisson, l'homme et la femme finirent enfin par découvrir sur un brin d'herbe un minuscule vermisseau.

— On va rapporter à la maison au moins celui-là, dit la femme. On trouvera bien une manière de lui être utile.

Ils rapportèrent donc le vermisseau dans leur cabane et le nommèrent Nyoko. Avec beaucoup de précautions, ils le déposèrent sur une petite écuelle en terre et l'entourèrent de toute sorte de soins. Mais le petit ver Nyoko ne s'en souciait guère. Il refusait même de manger.

— Que dois-je faire? demanda la femme à son mari. Il ne touche ni aux bananes ni à la bouillie de maïs.

L'air perplexe, l'homme haussa les épaules, avec embarras. Lui aussi ignorait quel genre de nourriture mange un petit ver.

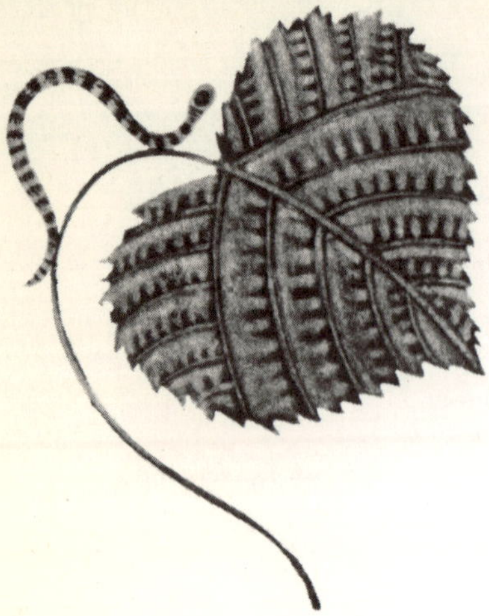

Malgré tout, Nyoko se mit à grandir. L'écuelle sur laquelle la femme l'avait déposé à l'arrivée à la maison était déjà devenue trop petite pour lui. On lui en procura donc une autre, plus grande, et alors qu'il ne mangeait aucun des mets proposés, il continuait à grandir. On eût dit qu'il se nourrissait d'air!

Un jour, l'homme tua un oiseau. Après l'avoir plumé, il le mit dans l'écuelle, juste à côté de Nyoko. Mais la chair d'oiseau non plus ne sembla pas intéresser le ver. Cependant, lorsque l'homme eut arraché le cœur de la poitrine de l'oiseau, Nyoko se jeta dessus avec avidité. Avant que l'homme ait eu le temps de se retourner, le ver l'avait déjà englouti.

— Il mange les cœurs d'oiseaux! cria l'homme joyeusement à sa femme.

A partir de ce moment ils comprirent tous les deux que leur petit ver était sauvé: ils ne le verraient pas mourir de faim.

Tout d'abord, l'homme s'était mis à chasser les petits colibris aux cœurs minuscules, bien plus petits qu'un grain de maïs. Mais quand il ne resta plus un seul colibri dans toute la région, l'homme commença à tuer les perroquets, et puis des oiseaux de plus en plus gros, de sorte qu'il finit même par chasser les vautours. Ce fut ainsi que petit à petit, disparurent tous les oiseaux et avec eux leur chant, qui égaie la vie des hommes. Et pendant ce temps-là, Nyoko, nourri de cœurs d'oiseaux, grandissait, devenant de plus en plus fort. Ce n'était plus un petit ver, et même pas un serpent ordinaire. Son corps gigantesque entourait déjà toute la hutte. Les soucis s'emparèrent de l'esprit de l'homme, son front était couvert de rides.

«Que va manger à présent notre pauvre chéri, il a déjà dévoré toute la gent volatile!» se disait-il.

— J'ai horriblement faim, sifflait Nyoko, se souciant fort peu des inquiétudes de ses parents.

«Peut-être que les cœurs des animaux ne lui déplairont pas non plus?» réfléchissait l'homme, et muni d'un arc, il se dirigea aussitôt vers la forêt pour apporter à Nyoko ce qu'il désirait.

Bientôt l'homme devint un chasseur terrible, devant lequel les animaux affolés fuyaient à toute vitesse. Sous ses flèches tombaient biches et tapirs, pumas et sangliers. Plusieurs fois il lui était même arrivé de se mesurer avec un jaguar, pour que le pauvre Nyoko ne souffre pas de faim. L'homme et la femme désormais étaient devenus incapables de refuser quoi que ce soit à leur petit ver chéri. Ainsi l'amour pour un petit ver impuissant se transforma en aveugle passion pour un monstre.

— Ah, comme il doit souffrir, notre pauvre enfant, se plaignaient-ils l'un à l'autre. Il y a si peu de cœurs dans le monde.

— J'ai une faim atroce, disait sans relâche Nyoko, toujours indifférent aux craintes de ses parents.

Mais un jour arriva ce qui devait arriver: après les oiseaux, tapir, sanglier et même le jaguar disparurent à leur tour de la forêt. Tout animal ayant dans son corps un cœur battant avait disparu, mais Nyoko continuait toujours à avoir faim. Il ne restait plus sur terre que les êtres humains. Aussi l'homme, complètement aveuglé par son amour pour le serpent, partit-il à la chasse aux cœurs humains.

Après s'être glissé furtivement aux abords d'un village, il y choisit sa victime. Devant une cabane, une jeune fille était assise, fredonnant un air mélodieux, tandis que ses doigts agiles tressaient des paniers. De la même manière qu'il tuait auparavant les oiseaux et les animaux par centaines, sans éprouver aucune pitié pour leurs vies anéanties, l'homme ajusta une flèche à son arc, et sans la moindre compassion, il tendit la corde.

Mais un événement imprévu se produisit. Dans la hutte se trouvait le frère de la jeune fille, occupé à tailler des flèches. Il avait remarqué l'intrus avant que celui-ci ait pu tirer sur la jouvencelle. D'un bond, le frère arracha d'une poutre son arc et — zip! — la flèche siffla dans la direction opposée.

Le beau-père de Nyoko porta les mains à son cœur et sans vie s'écroula sur le sol.

Aussitôt, toute la tribu fut sur pied. Les hommes courroucés traînèrent le cadavre de l'ennemi étranger sur la grand-place du village, l'attachèrent à un pieu et se mirent à le transpercer des flèches si furieusement que bientôt il ne restait plus le moindre endroit intact.

Mais Nyoko, qu'allait-il devenir à présent? Son protecteur mort, qui lui procurera désormais son étrange nourriture? Loin du village, il continuait à s'enrouler autour de la hutte, en sifflant de faim. Ce fut en vain que la femme attendit le retour de son mari et le serpent un nouveau repas.

— Va à la recherche de ton père, dit la femme au bout de quelques jours, affolée à l'idée que son époux n'était pas encore revenu.

Et effectivement, Nyoko se mit en route. En déplaçant son gigantesque corps, il déracinait les arbres, détruisait les lits millénaires des fleuves, tout en en creusant d'autres par son corps. Ne réussissant toujours pas à trouver son père, au prix d'un effort énorme il se redressa et leva la tête si haut qu'elle toucha le ciel. Il y grimpa en ondulant afin de pouvoir mieux regarder tout alentour et examiner la région.

Il remarqua ainsi un village dont les huttes étaient disposées en cercle, au milieu duquel s'ouvrait une grande esplanade, où fourmillait un grand nombre d'hommes dansant. Et au centre de la place Nyoko distingua un pieu auquel était attaché son beau-père, chasseur des cœurs humains, criblé de flèches.

— J'ai faim! hurla le serpent en se précipitant du haut du ciel à terre. Sous le poids de son corps la terre trembla et un grondement effrayant déchira l'air, comme si une bourrasque terrible venait de se déchaîner. Les hommes cessèrent de danser et se mirent à fuir devant le serpent dont même les plus terrifiantes légendes ne parlaient pas.

— J'ai faim! continua à gronder Nyoko. Donnez-moi un cœur!

— Un cœur, cœur, cœur... propagea l'écho à travers toute la forêt. Le corps de Nyoko s'enroula tout autour du village en créant devant les huttes une muraille infranchissable. Par chance, plus personne ne se trouvait à l'intérieur du village. Les gens s'étaient éparpillés dans les hautes herbes et le corps du serpent était trop encombrant et malhabile pour pouvoir affronter l'un après l'autre les gens dispersés. Cependant le danger n'était pas encore écarté. Du corps de Nyoko surgit tout d'un coup une multitude de petits serpents multicolores qui se lancèrent sans tarder à la poursuite des villageois.

Des flèches déchirèrent l'air et çà et là se convulsaient déjà des corps de serpents, cloués au sol par les armes. Une lutte sans merci s'engagea et la fortune pencha tantôt vers les gens, tantôt vers les serpents. Mais ce n'était pas en vain que les hommes s'étaient entraînés à imiter la danse des serpents. Leurs corps étaient souples et beaucoup d'entre eux luttaient avec les serpents à mains nues et, roulant avec eux dans l'herbe, ils leur assenaient des coups. Bientôt, tous les alentours du village étaient jonchés de cadavres de serpents.

Nyoko était fou de colère. Il battait de sa queue monstrueuse détruisant les huttes. Il avait compris que personne ne lui donnerait son cœur. Alors, après avoir anéanti tout le village, et ayant laissé libre cours à sa colère, il s'élança à nouveau vers le ciel pour pouvoir mieux choisir d'en haut une nouvelle victime.

Mais il ne quitta plus le ciel et la paix s'installa à nouveau au village. Les femmes se remirent à filer le coton, à cuire les galettes et à s'occuper des enfants. Les hommes partirent à la chasse dans les forêts, peuplées à nouveau des animaux qui avaient fui Nyoko assoiffé de leur sang. Même les serpents descendants de Nyoko s'y étaient multipliés.

Les plaies finissent toujours par se cicatriser, le mal peut être oublié. Seules les légendes concernant les gens bons et innocents continuaient à parcourir le monde.

A l'endroit même où nous apercevons sur le firmament nocturne la Voie lactée, les Indiens se montrent le méchant serpent Nyoko. Mais est-ce vraiment le serpent? Ces milliers et milliers de petites étoiles ne seraient-elles pas les cœurs des malheureux jaguars, tapirs et sangliers? En tout cas, les plus petites d'entre elles sont sûrement des sœurs d'oiseaux.

Comment apparut la Voie lactée

Il y a longtemps, bien longtemps, vivait en Bretagne une vieille veuve et sa richesse suscitait bien des envies auprès des habitants du pays. On a beau faire, l'argent ne rend pas la vie éternelle. Bientôt, la veuve sut que ses jours étaient comptés. Déjà, du clocher de l'église, on détachait la corde pour sonner le glas qui accompagnerait de sa plainte son âme quittant ce monde. Elle fit alors venir ses trois fils:

— Mes chers enfants, leur dit-elle, j'ai peiné, ma vie durant, pour vous laisser ici-bas quelques biens. Pour celui qui possède de l'argent, la vie est plus facile. Mais je ne vous demande pas de m'être reconnaissants pour ces pauvres biens terrestres. Je crains plutôt que mon âme ne souffre d'avoir séjourné dans le corps d'un être indigne. Aussi je vous supplie, lorsque j'aurai fermé les yeux, de faire le pèlerinage de Saint-Jacques-de-Compostelle pour y prier pour mon salut.

Et à peine eut-elle terminé d'écrire son testament qu'elle rendit son dernier soupir. Ses fils l'enterrèrent en grande pompe, les cloches sonnèrent à toute volée et la tombe de la dame disparut complètement sous d'innombrables bouquets et couronnes mortuaires.

Plusieurs semaines s'étaient écoulées, les fleurs sur le tombeau avaient fané, les larmes avaient séché. Les fils ouvrirent le testament et quelle ne fut pas leur surprise lorsqu'ils s'aperçurent que la mère n'avait pas partagé ses biens de façon équitable. De son vivant, elle avait témoigné la plus grande affection au plus jeune de ses fils, et à présent, c'était à lui que revenait la plus grosse part de l'héritage, tandis que les deux aînés se sentirent lésés.

— Comment seulement admettre que nous soyons frustrés de la sorte? Et nous, qu'allons-nous devenir, se lamentaient mutuellement les deux déshérités et, dans leurs cœurs, prit naissance un sentiment d'envie et de haine pour leur frère cadet. Serait-il meilleur que nous? Nous faudra-t-il admettre qu'il se pavane en faisant fi de notre malchance?

Plus ils se plaignaient, plus ils se persuadaient que leur frère était orgueilleux, malveillant et malfaisant et que c'était bel et bien lui qui était à l'origine de leur malchance. Les prétendues fautes du benjamin prirent au fur et à mesure à leurs yeux de telles proportions qu'ils finirent par décider de l'expédier dans l'autre monde.

Ce fut donc dans cet état d'âme que les deux premiers frères en compagnie du cadet entreprirent le pèlerinage de Saint-Jacques, comme ils l'avaient promis à feu leur mère. La route était longue, très longue et il leur fallut marcher bien des jours pour atteindre le but de leur voyage. Chemin faisant, maintes occasions s'offraient aux deux frères aînés pour réaliser leur ignoble projet. A cette époque-là, il y avait beaucoup moins de gens sur terre qu'aujourd'hui, aussi les frères n'avaient pas la crainte d'être vus lors de l'exécution de leur crime.

Ne se doutant de rien, le plus jeune avançait en chantant des chants religieux, tout en faisant halte devant les statues des saints pour prier pour sa mère bien-aimée. Mais les deux autres n'avaient qu'une seule idée dans la tête: comment se débarrasser au plus vite de leur frère. Un jour, alors qu'ils traversaient un pont et que le plus jeune tournait le dos aux aînés, ces derniers firent un signe et lui enfoncèrent un couteau dans le dos. A peine le malheureux s'était-il effondré raide mort qu'ils lui ligotèrent les bras et les jambes et après avoir attaché une grosse pierre à son cou, ils le jetèrent du haut du pont dans la rivière. Là-dessus, ils poursuivirent leur chemin comme si de rien n'était. La mauvaise conscience ne leur pesait guère, au contraire, ils se réjouissaient déjà à l'idée que plus rien ne s'opposait au partage de toute la fortune de leur frère.

Les jambes douloureuses, ils débouchèrent enfin sur la colline qui domine Compostelle. Toute proche, l'église Saint-Jacques se dressait paisiblement comme si elle voulait leur faire un geste amical pour les accueillir, mais lorsqu'ils y entrèrent, les statues ornant le portail les dévisageaient, les yeux étrangement réprobateurs. L'intérieur de l'église était sombre, seul le maître-autel était bien éclairé de lumineux rayons de soleil colorés par les vitraux de la nef latérale. Aussi ne pouvait-il échapper au regard des frères qu'une personne était agenouillée sur les marches. Ils s'en rapprochèrent et tout à coup, pâlirent d'effroi: leur plus jeune frère était là, agenouillé. Un filet de sang coulait de la profonde plaie de son dos.

En proie à d'affreux pressentiments, ils se jetèrent à genoux et implorèrent la grâce de Dieu et celle de leur frère. Mais ce dernier ne fit pas le moindre geste, et le silence régnait dans l'église, interrompu de temps à autre par le doux crépitement des flammes des cierges et le roucoulement des pigeons provenant de l'extérieur. Ce fut en vain que les frères coupables tentèrent alors de se redresser pour fuir et essayer de garder la vie sauve! Une main invisible les retenait contre les marches du maître-autel. Enfin, le mort leva la tête et dit:

— Vous avez commis un crime terrible, mais je vous ai déjà pardonné. J'ai aussi prié Dieu de juger votre action avec indulgence. A présent, retournez à la maison et priez pour mon âme! Dans deux ans, nous nous reverrons.

Après ces mots, le frère défunt disparut, seule une tache de son sang marquait les marches de l'autel. Alors seulement, les deux frères aînés se réveillèrent du mauvais rêve dans lequel ils avaient sombré après la lecture du testament de leur mère. Alors seulement ils comprirent que l'éclat de l'argent les aveuglait à tel point qu'ils n'avaient pas hésité à lui sacrifier la vie de leur frère cadet. Avec humilité, ils se penchèrent vers la tache rouge, y trempèrent leurs mains, et firent le signe de croix. Le pouvoir mystérieux cessa de les presser contre les marches de l'autel mais ils restèrent là, agenouillés, et continuaient à réfléchir à leur horrible faute. Ce ne fut qu'à la tombée de la nuit qu'ils se levèrent et quittèrent l'église.

Déjà le ciel sombre s'était couvert d'étoiles. Les deux frères reprirent la longue route du retour et, pleurant amèrement, ils tendaient sans cesse les mains vers le ciel. Mais que se passait-il? Les gouttelettes de sang de leur frère ne glissaient pas vers la terre! Elles s'envolaient vers les étoiles en composant des taches rouges qui s'étendaient jusqu'à devenir une grande rivière. C'est ainsi que prit naissance la Voie lactée.

Tout amaigris et accablés de chagrin, les frères regagnèrent leur logis où ils s'enfermèrent dans la plus stricte solitude. Ayant distribué tous leurs biens aux pauvres, ils ne mangeaient que du pain et ne buvaient que de l'eau. Et pourtant, leurs âmes n'avaient pas recouvert la paix. Chaque soir, sur le ciel étoilé, la Voie lactée s'allumait à nouveau et répandait une lueur rougeâtre, attisant ainsi sans cesse dans les cœurs des frères le souvenir de leur odieuse action.

Ce ne fut qu'au bout de deux ans que leur souffrance quotidienne prit fin. Ils moururent et le plus jeune frère les fit venir auprès de lui, comme il l'avait promis. Et ce jour-là, un étrange phénomène se produisit sur le ciel nocturne. Les taches rouges pâlirent et le léger voile de gouttelettes se transforma en cette Voie lactée que nous connaissons de nos jours. Mais lorsque quelqu'un commet un crime, alors les étoiles redeviennent rouges, comme le jour où survint ce grand miracle à Saint-Jacques-de-Compostelle.

Le secret des deux rocs

Dans un pays lointain, deux immuables rochers se dressent sur la rive d'un grand fleuve. Plongés dans l'ombre profonde des érables, ils demeuraient presque toujours à l'abri des regards curieux des passants. Ils se confondent avec la végétation à l'entour, perdus au milieu des touffes de hautes herbes et recouverts d'une épaisse couche de mousse. Mais celui qui s'approchera par hasard tout près d'eux, sera frappé par leurs formes inattendues. La plus grosse pierre rappelle la silhouette d'un jeune chasseur, qui est en train de bander la corde de son arc, pour lancer une flèche. Dans la seconde, chacun reconnaîtra au premier regard un chien s'apprêtant à bondir sur un animal invisible. Mais seule cette bête traquée a disparu et le jeune homme devra éternellement bander son arc et le chien agiter ses crocs redoutables dans le vide.

Une légende raconte que ces silhouettes ne sont pas un hasard de la nature. L'homme armé de l'arc aurait été, dit-on, un chef très puissant et très riche, transformé en pierre dans des circonstances bien étranges. Non loin de l'endroit où se dressent les deux pierres et où les hommes ne s'aventurent que très rarement, s'étendait jadis un grand village indien. Un garçon qu'on appela Lynx dès son âge le plus tendre y vivait avec ses parents. Son nom lui venait sans doute de ce qu'il ne cessait de fureter et fouiller dans tous les coins du village, toujours en proie à la faim. Jamais il ne se contentait de ce qu'on lui donnait à manger à la maison, et partout où il allait, il revendiquait quelque nourriture.

On ne peut vraiment pas dire que les Indiens choient et gâtent leurs enfants. Surtout les garçons doivent encore tout petits faire connaissance avec les impitoyables lois de la nature. Ils apprennent à se protéger contre les bêtes féroces, à lire dans leurs traces — tout comme vous lisez dans un livre — et à chasser à la manière des fauves pour savoir plus tard sauver leur vie. Un jour, le père de Lynx, lui aussi, décida qu'il était temps que son fils toujours affamé, cesse de quémander de la nourriture à travers tout le village et qu'il apprenne à se fier à ses propres forces. Comme les habitants du village venaient justement de décider de changer de région pour s'installer ailleurs, le père de Lynx eut l'idée de saisir l'occasion et de laisser son fils sur place pour le mettre à l'épreuve. Sous prétexte de l'initier à de mystérieux tours de magie, il l'emmena dans une forêt profonde qui s'étendait derrière le village et tandis que Lynx se baignait dans une petite rivière, le père disparut subrepticement et retourna au village. Là, tous étaient déjà prêts pour s'embarquer, tous leurs biens entassés dans les canoës; on n'attendait plus que lui. Même le feu avait été soigneusement éteint et le foyer enfoui.

Une seule personne s'opposa à l'épreuve imaginée par le père: la grand-mère de Lynx. Laisser le garçon à la merci de la cruelle nature lui semblait trop rude. Si, au moins, Lynx avait pu retrouver le feu allumé! Alors, la grand-mère écrasa une poignée de radicelles de fougères sèches, y ajouta quelques braises et remplit de ce mélange une coquille. Puis elle cacha la coquille sous de vieilles planches, tout en soufflant à son chien:

— Attends ici le retour de Lynx! Quand il sera rentré, tu vas gratter ces planches avec ta patte aussi longtemps qu'il le faudra pour qu'il comprenne. Surtout rappelle-toi, tu ne cesseras de gratter avant que Lynx ne découvre la cachette abritant le feu!

Là-dessus, elle s'installa à son tour dans un canoë et bientôt tous les villageois suivirent le courant du grand fleuve.

Pendant ce temps-là, Lynx errait dans la profonde forêt sans trouver le chemin du village. Il se faisait de plus en plus tard, et sous la sombre voûte que formaient les couronnes des immenses sapins et cèdres, la peur s'empara de Lynx. Au-dessus des branches apparurent bientôt les étoiles, et la nuit noire s'étendit sur la terre. Perdu et effrayé dans l'obscurité, le garçon éclata en sanglots. Tout à coup, un bruit léger se fit entendre dans le noir, et Lynx écarquilla les yeux et il distingua une silhouette qui s'approchait de lui. Elle avait l'air d'un homme et pourtant ce n'était pas un être humain — c'était le dieu Quals en personne. Il marchait sur le sol, mais pas la moindre petite branche ne craquait sous ses pieds. Arrivé près de Lynx, il s'arrêta et sa voix rappelait le doux murmure des arbres:

— Pourquoi vois-je des larmes couler sur tes joues? Tu n'es plus un bébé, voyons. L'homme n'est jamais seul au monde. Tiens, par exemple ceux-là, il y a belle lurette qu'ils ne pleurent plus! dit-il, tout en indiquant de son doigt un endroit sur le ciel où se blottissaient, l'un contre l'autre sept astres — les Pléiades.

— Tous ceux que tu y vois, continua Quals, sont les enfants dont les parents avaient disparu. Je les ai emportés là-haut, dans les hauteurs célestes, et ils ne s'ennuient plus. Si tu veux, tu peux les rejoindre.

— Je ne veux pas, je ne veux pas, dit Lynx, sans retenir ses larmes et il se mit à courir entre les troncs d'arbres pour échapper à Quals, mais ce dernier ne l'avait pas poursuivi.

De ses yeux, il fixa le garçon, et il orienta ainsi la direction de sa fuite vers l'orée de la forêt non loin du village abandonné.

Mais après avoir découvert que le village était vide, le garçon ne put s'empêcher de pleurer à nouveau. Dans le sable fin de la baie subsistaient encore des traces bien nettes des canoës, mais il était impossible de deviner où ils s'étaient dirigés. Lynx retournait déjà, tête basse, vers le village aux huttes en partie détruites quand il aperçut soudain le chien de la grand-mère courir à sa rencontre. Le chien l'amena à un tas de planches et, de ses petites pattes, il se mit à les gratter et à creuser autour tant et si bien que le garçon finit par comprendre que quelque chose était caché là. C'est ainsi qu'il découvrit la coquille contenant les braises de fougères rougeoyantes et il put alors allumer un feu. Il se sentit immédiatement soulagé et sa déception fut aussitôt bien amoindrie.

Dès l'aube, Lynx se mit à l'ouvrage. Avec une branche souple il confectionna un arc, puis le compléta d'une corde faite d'écorce de saule. Il acéra quelques flèches à l'aide d'une pierre, et partit à la chasse en imitant les adultes. Et la fortune lui sourit. Il avait tué une multitude d'oiseaux qu'il dépouilla tout de suite de leurs peaux et il fit ensuite rôtir la chair. Ayant mangé à satiété, Lynx se confectionna un manteau avec les peaux d'oiseaux et passa un long moment à le décorer de nombreux ornements aux multiples couleurs. Le plus difficile était derrière lui.

Pendant sa course céleste, le Soleil passait aussi au-dessus du campement abandonné et il ne tarda pas à remarquer le beau manteau de Lynx. Ayant pris l'apparence d'un homme, le Soleil descendit près du garçon:

— Échangeons nos manteaux, lui proposa-t-il. Tu ne le regretteras pas. Le mien est fait des plus fines peaux de chèvres des montagnes et il a un grand pouvoir magique. Tiens, aujourd'hui même un grand nombre de harengs vient de quitter la mer et remonte le courant de ce fleuve pour frayer non loin d'ici. Il te suffira de plonger dans l'eau un pan de mon manteau et tu y retrouveras force harengs.

L'air méfiant, Lynx scruta l'inconnu.

— Rassure-toi, je ne mens pas, je suis Soleil, dit l'homme. L'astre de la nuit est mon frère et la grande étoile devant laquelle il passe si souvent, est sa femme.

Curieux de voir si le manteau avait vraiment ce pouvoir magique dont le Soleil avait parlé, Lynx accepta l'échange. Sans plus tarder, il se précipita vers le fleuve et y plongea le manteau. Le Soleil n'avait pas menti! Une fois sorti de l'eau, le manteau fourmillait de harengs. Il plongea le vêtement aussitôt une seconde fois, puis une troisième, et il continua toute la journée durant à pêcher de cette manière inhabituelle. Sa pêche terminée, il sécha les poissons au soleil et se constitua ainsi une réserve de nourriture pour plusieurs semaines d'avance. Quelques jours plus tard, il rassembla les matériaux des anciennes huttes pour se construire une grande maison qu'il remplit ensuite jusqu'au toit d'une telle quantité de nourriture, qu'il y avait de quoi donner à manger à toute une tribu pendant des jours et des jours.

Un jour qu'il se reposait dans l'ombre des arbres, il se rappela l'époque où il s'était retrouvé tout seul, les mains vides, dans le village abandonné. Il comprit que le garçon sans défense de ce temps-là, était devenu un homme. Et quand il eut évalué toutes les capacités qu'il avait acquises en si peu de temps, une grande fierté envahit son cœur. Mais il se souvint aussi de sa grand-mère, sans laquelle il n'aurait pas eu la chose la plus importante que puisse posséder un Indien: le feu.

— Croa, croa, croa, se fit entendre soudain un croassement au-dessus de lui et quand il eut levé la tête, il aperçut une corneille perchée sur une branche du pin.

— Viens ici, sœurette! la héla-t-il.

Puis, il prit un hareng et l'introduisit dans le bec de l'oiseau, lui ordonnant en même temps de retrouver le nouveau village où vivaient ses parents.

— Tu y verras sûrement une petite vieille en pleurs, dit-il. C'est ma grand-mère. Donne-lui ce poisson et dis-lui bien des choses de ma part!

La corneille s'envola aussitôt, et comme les oiseaux vont bien plus vite avec leurs ailes que les hommes avec leurs jambes, elle ne fut pas longue à atteindre l'endroit désigné. Elle laissa choir le poisson aux pieds de la grand-mère de Lynx qui se trouvait là, assise devant une maisonnette, le visage baigné de larmes. Elle s'ennuyait de son petit-fils. Mais le cadeau de Lynx et ses bonnes nouvelles emplirent son cœur de bonheur et la corneille put reprendre le chemin du retour. Depuis ce jour-là, Lynx se faisait une joie d'envoyer toutes sortes de cadeaux à sa grand-mère: oiseaux rôtis, divers poissons frais, harengs séchés.

Dans le village bientôt le bruit se répandit que Lynx était en vie et qu'il habitait à l'ancien endroit. Un jeune Indien décida de s'y rendre pour vérifier s'il y avait du vrai dans les dires des villageois. Et quel ne fut pas son étonnement quand il aperçut, de son canoë, une très belle et grande maison! Mais il s'étonna encore bien davantage lorsque Lynx lui eut montré quelle quantité de réserves sa maison abritait!

— Dis à tout le monde de rentrer; ils auront la vie belle, ici! l'exhorta Lynx. Je les aiderai à prendre des prises dont ils n'avaient même pas rêvé.

Le jeune Indien regagna son canoë et partit pour transmettre le message. Quand il raconta aux villageois la vie que Lynx menait et décrivit la richesse et l'abondance dans lesquelles il vivait, nombreux étaient ceux qui se laissèrent immédiatement tenter. Quelques jours plus tard, tous les habitants du village chargèrent à nouveau les canoës pour regagner leurs anciennes terres. Parmi les autres, aborda aussi le père de Lynx. Et ce fut d'homme à homme que le père et le fils se saluèrent. Ils n'avaient même pas parlé du passé; un seul regard avait suffi.

Lynx tint sa promesse. Aussitôt que furent construites les huttes des autres villageois autour de sa grande maison, aussitôt que les totems furent érigés et les feux rallumés, Lynx s'en alla avec son manteau magique au bord du fleuve et répandit sur la rive un si grand nombre de poissons que les gens n'arrivaient pas à tous les emporter.

Et comme les jours suivants il ne cessa pas de combler les villageois de cadeaux, toujours prêt à rendre service, toujours prêt à aider quiconque qui en éprouvait besoin, l'estime que lui portait la tribu ne fit que croître. On sollicitait ses bonnes grâces et tous les pères de famille l'auraient vu d'un œil très favorable devenir l'époux de leur fille. Rien d'étonnant à ce que Lynx finit par devenir le chef.

Mais la chasse demeura la grande passion de Lynx et il ne

cessa pas de traquer les animaux malgré le cadeau du Soleil — le manteau magique qui lui assurait la nourriture en quantité plus que suffisante. Un jour il aperçut dans la forêt les traces d'un élan et il se mit aussitôt à les suivre. Il lâcha le chien hérité de la grand-mère, qui s'élança avec ardeur en avant. Une poursuite folle s'engagea. L'élan se dirigea vers le fleuve et le chef précédé de son chien se précipita sur ses traces. Déjà l'animal était à sa portée, déjà Lynx ajustait une flèche sur son arc, déjà il tendait la corde...

— Comme je le vois, c'en est bien fini, de tes pleurs! dit-on soudain derrière Lynx.

Celui-ci tourna la tête dans la direction d'où venait la voix et il aperçut le dieu Quals. Le dieu s'approchait de lui et on eût dit que ses pieds ne touchaient point le sol.

— Alors, tu n'as pas changé d'avis? continua le dieu. Tu ne veux pas rejoindre au ciel le petit groupe des abandonnés?

— Je ne veux pas! s'écria Lynx tout comme la première fois. D'ailleurs, je ne suis plus abandonné. Je suis aimé par toute la tribu et je suis son chef.

— Pourquoi donc continues-tu à traquer les animaux quand, après mon entremise, le Soleil t'a donné son manteau magique? l'interrogea toujours le dieu Quals. Bien, comme toi, tu n es plus abandonné, c'est à présent l'élan qui a besoin de ma protection. Tu peux rester sur terre, mais je vais envoyer l'élan dans le ciel rejoindre les étoiles pour que tu ne puisses point lui faire de mal.

Mais, Lynx, dévoré par sa passion de chasseur, ne se préoccupait guère des paroles de Quals. A nouveau, il banda son arc pour abattre l'élan avant que le dieu puisse réaliser son intention. Mais ce geste lui fut fatal. Avant d'avoir lâché sa flèche, le chef se transforma en pierre et avec lui son chien. Le dieu Quals effleura de sa main la pointe de pierre de la flèche qui n'ira plus jamais transpercer aucune bête. Puis son regard se porta sur les yeux de la statue, fixés sur l'endroit où l'élan broutait de nouveau paisiblement dans les hautes herbes. Le dieu Quals s'approcha de l'animal, le prit dans ses bras et le projeta vers le ciel.

Les quatre étoiles qui brillent sur le ciel nocturne plus fort que tous les astres voisins, c'est l'élan. Quant à nous, c'est plutôt la Grande Ourse que nous y voyons, mais pour les Indiens, c'est bien l'Élan. Et ils sont tous d'accord pour le confirmer – même ceux qui ignorent l'histoire de la statue en pierre du jeune chasseur, qui se dresse, immobile, au bord du fleuve dans l'ombre des érables.

Le pastoureau et la Fileuse céleste

Les souverains terrestres n'avaient pas la vie facile. Nombreux parmi eux furent ceux qui ne réussirent pas, durant tout leur règne, à faire le tour de tout leur pays, même à cheval ou dans un palaquin. Mais, ce n'était rien encore à côté de l'immensité de l'empire du seigneur suprême des cieux! Il possédait un espace si étendu qu'il fut obligé de diviser son univers en neufs cieux, et de les donner en dot à ses neuf filles. Cependant, notre récit ne nous emmènera que dans un seul de ces cieux, et chez une seule des neuf filles de l'empereur céleste: chez la belle Fileuse.

Il y a fort longtemps, dans une région montagneuse, vivait un garçon dont les parents étaient très très pauvres. Et comme chez tous les pauvres, il n'y avait souvent rien à se mettre sous la dent; le garçon, depuis l'âge de douze ans, avait dû gagner sa vie tout seul. Il se fit donc engager comme pastoureau chez un riche fermier, pour mener paître sa vache, avec pour tout salaire, quelques poignées de riz.

La vache que le pastoureau menait paître n'avait que la peau sur les os, et le pauvre garçon avait pitié d'elle. Il la menait brouter aux prés très hauts sur les flancs des montagnes où l'herbe était particulièrement juteuse, et la faisait boire dans l'eau des ruisseaux à l'eau limpide.

— Ma pauvrette, lui disait-il, tu es aussi maigre que moi. Mais, par bonheur, l'herbe ne coûte rien, régale-toi bien, mange à satiété!

Les années passèrent, le pastoureau devint un jeune homme, et grâce à ses soins, la vache n'était plus à plaindre. Ses flancs s'étaient arrondis, et sa robe était bien lisse et brillante. Un jour, alors que le berger venait d'avoir justement dix-huit ans, il mena encore la vache à un alpage situé très haut dans la montagne. Il s'assit sur une pierre et se mit à contempler son compagnon à quatre pattes, qui le regardait, lui aussi, comme s'il voulait parler.

— Oh! que je suis triste, dit le berger à la vache. Si au moins tu pouvais parler! Je ne me sentirais pas aussi seul.

La vache leva la tête, et le plus naturellement du monde, elle dit:

— Justement, aujourd'hui même, je m'apprêtais à te remercier de tous les soins que tu m'as prodigués, cher pastoureau. Même un homme ne pourrait se sentir mieux avec toi! Mais sache que je ne suis pas un animal ordinaire. Je suis une Vache sacrée. Aujourd'hui, je vais te récompenser de tous tes efforts.

Le berger avait passé tant d'années avec la vache aux pâturages que son langage humain ne l'avait pas surpris outre mesure. Il lui répondit:

— Je ne me suis pas occupé de toi pour avoir, un jour, une récompense.

— C'est pour cela que tu la mérites d'autant plus. Écoute-moi bien à présent. Nous allons nous rendre ensemble quelque part où tu n'es encore jamais allé: nous irons dans l'empire du Maître Suprême des cieux, qui s'étend loin au-dessus des faîtes des montagnes. L'Empereur céleste a neuf filles, qui sont aussi belles que les fleurs de lotus au bord d'une fontaine. Mais la septième de ces neuf filles est comme cette fleur de lotus qui ne se déploie qu'une fois tous les mille ans. Nul n'a encore jamais aperçu une telle grâce. Cette jeune fille a les doigts si fins que de toutes les neuf filles, elle seule peut filer pour son père un nuage de soie. D'ailleurs, c'est elle aussi qui veille sur l'ouvrage de vos petites couturières. C'est pour cela que son père et ses sœurs l'appellent Fileuse.

— Oh! j'aimerais tellement voir de mes propres yeux une jeune fille d'une telle beauté, soupira le berger.

— Tu la verras, dit la Vache sacrée. Et non seulement cela; je désire que la Fileuse devienne ta femme. Aujourd'hui, c'est la fête du Septième soir et toutes les neuf filles sortiront pour aller se baigner dans le lac céleste. Monte sur mon dos, je t'y amènerai!

Et la vache se mit à monter les coteaux verdoyants des montagnes, puis elle escalada les rochers dénudés d'un pas si sûr qu'on eût dit qu'elle avait l'habitude de passer par là tous les jours.

Lorsqu'elle eut enfin atteint, avec le garçon sur son dos, les sommets des montagnes, elle s'éleva dans les airs, laissant les nuages bien au-dessous d'eux.

Le berger ignorait combien de temps avait duré leur vol. Mais soudain, ils atterrirent dans un tout autre monde. Le garçon sauta sur l'herbe, dont les tiges étaient de jaspe. Sur les arbres alentour, il y avait des feuilles en chrysoprase et on eût dit que quelqu'un avait taillé les fruits dans un rubis. Les tiges et les petites feuilles des fleurs étaient en néphrite, et sur les têtes des fleurs brillaient des coraux d'un rouge couleur sang. A quelques pas de l'endroit où se trouvait le garçon, s'étendait un immense lac. Dans l'eau cristalline du lac frétillaient des poissons, que même le plus habile des orfèvres ne saurait jamais ciseler dans l'or pur.

— As-tu remarqué ces jeunes filles qui se baignent dans l'eau du lac? demanda la Vache sacrée. Parmi les baigneuses, il y a aussi ta Fileuse. Approche-toi doucement de la berge, sans te faire remarquer, et saisis le kimono de la couleur des fleurs de cerisier. Surtout, ne le rends pas à la Fileuse avant qu'elle ne te promette de devenir ton épouse.

Le berger agit exactement selon les instructions de la Vache sacrée. Il s'empara du kimono rose, et serra son butin sur sa poitrine. Mais déjà les sœurs avaient remarqué l'intrus. Lorsqu'elles s'aperçurent qu'il s'était emparé d'une de leurs robes, effrayées, elles se mirent à crier:

— Qui es-tu? De quel droit oses-tu toucher aux robes des déesses? cria l'aînée au berger.

Mais ce dernier faisait la sourde oreille. Il tourna le dos aux sœurs ébahies, et il se dirigea vers le bosquet tout proche. Les jeunes filles sortirent rapidement sur la berge, endossèrent leurs robes, et coururent se dissimuler dans les buissons. Seule, la Fileuse ne put pas sortir de l'eau.

— Je t'ordonne de me rendre sur-le-champ mon kimono! cria-t-elle au pastoureau. Tu ignores peut-être que l'Empereur Suprême des cieux est mon père, et qu'il va te punir pour ton impudence?

— Je te rendrai volontiers ta robe, seulement, il faudra d'abord que tu me promettes de devenir ma femme.

— Je te supplie, rends-moi mon kimono, et ne demande pas ma main en échange. Mon père n'accepterait jamais notre mariage, car en te donnant ma main, il serait obligé de te donner aussi l'immortalité!

A ce moment-là, la Vache sacrée s'approcha d'un pas lent de la berge, et prit part à leur conversation:

— L'Empereur céleste a déjà donné son consentement à votre mariage. Le saule que voilà te transmettra son message, tu n'as qu'à l'interroger.

Le saule inclina des branches vers la tête de la Fileuse, et un doux bruissement se fit entendre:

«Une soirée de fête se prépare sur le lac endormi,
où l'empereur céleste votre union bénit,
que pour l'éternité ce grand amour soit célébré,
que tes lèvres le scellent à présent par un baiser!»

Le garçon plut beaucoup à la Fileuse céleste, même si ce

n'était qu'un simple berger terrestre. D'ailleurs, c'était tout de même le pastoureau de la Vache sacrée. Lorsque la jeune fille eut la confirmation du consentement paternel à son mariage, à son tour, elle promit au garçon de devenir son épouse, quand il lui aurait rendu son kimono rose.

Tandis qu'elle se rhabillait, le pastoureau fit ses adieux chaleureux à la Vache sacrée, en la remerciant de tout le bonheur qu'elle lui avait apporté. Là-dessus, la Fileuse et le jeune berger se prirent par la main, et se mirent en route à travers le ciel, foulant sous leurs pieds l'infini tapis d'herbe en jaspe, qui scintillait de milliers de fleurs en néphrite et en corail, traversant les forêts de chrysoprase. Sept longues journées, et sept longues nuits, dura leur marche dans ce paysage magnifique, digne d'un orfèvre céleste. Mais le septième jour, à l'approche de la tombée de la nuit, la Fileuse devint soudain toute triste. En appuyant sa tête contre l'épaule du pastoureau, elle lui dit:

— Il faut que je m'en aille, à présent, mon bien-aimé. Oh! tu sais, même ici, dans le ciel, les coutumes veulent que l'on consacre bien plus de temps au travail qu'à l'amour! Depuis sept longs jours je n'ai pas tissé un seul petit nuage, et chez vous, sur la terre, les rivières n'ont plus une seule goutte d'eau. Depuis huit jours, les jeunes couturières n'ont pas touché à la soie, et elles ne font que se réjouir avec leurs bien-aimés, tout comme nous deux. Nous allons nous séparer, mais dans un an, le jour de la fête du Septième soir, nous serons heureux à nouveau. Que l'idée de la longue attente ne t'attriste pas; rappelle-toi, pourtant, mon cher, que nous avons devant nous toute l'éternité pour nous aimer!

— Non, non, je ne veux pas que tu me quittes, ma petite fleur de cerisier! implora le garçon, et il se mit à courir après la Fileuse, qui déjà, s'éloignait.

Mais avant même qu'il eût pu effleurer le petit doigt de sa main, la Fileuse tira de sa chevelure une épingle, et, avec la pointe, elle tira une raie sur le sol. Aussitôt, à l'endroit où elle venait de tracer le trait, un Fleuve d'Argent se mit à couler. De nos jours, on appelle ce fleuve la Voie lactée. La Fileuse était sur une rive, le garçon, sur l'autre, ils se dévisageaient tristement.

— Ne me quitte pas, ma Fileuse, ma belle fleur de cerisier! continua de supplier le berger.

Pour empêcher sa ravissante épouse de partir, il lança, à travers les flots mugissants du fleuve, une corde sur l'autre rive. Il espérait ainsi attirer la Fileuse de son côté. Mais il n'avait pas lancé la corde suffisamment loin, et le nœud coulant tomba aux pieds de la Fileuse.

Un si grand amour toucha le cœur de la Fileuse. Ses lèvres déposèrent un léger baiser sur l'écheveau qu'elle portait

toujours sur elle, puis, elle le lança au pastoureau de l'autre côté du Fleuve d'Argent, en échange de la corde du pastoureau. L'écheveau tomba aussi sur le sol devant les pieds du garçon.

Et depuis lors, le pastoureau et la Fileuse restent ainsi à se regarder de loin, chacun dressé sur une rive du Fleuve d'Argent, comme vous pouvez d'ailleurs le lire dans le ciel, dans ce beau livre abondant d'images. Ces trois étoiles luisantes sur une rive du Fleuve d'Argent, c'est la Fileuse et les trois étoiles plus petites à ses pieds, c'est le nœud coulant du pastoureau. Et les six étoiles scintillant de l'autre côté du courant, c'est le pastoureau. Mais que peut bien être cette petite touffe d'astres, pointue à ses deux extrémités, qui se trouve près des pieds du garçon? Oh! oui, vous avez raison, c'est le petit écheveau de la bien-aimée céleste du berger!

Chaque année, à l'époque où l'été, paré d'innombrables fleurs réapparaît sur la terre, le pastoureau et sa Fileuse se rejoignent. Au soir du septième jour du septième mois, toutes les corneilles de la terre disparaissent. Elles s'envolent vers le Fleuve d'Argent, pour y construire un pont. La Fileuse amoureuse traverse ce pont en courant pour aller rejoindre son pastoureau. La joie de leur rencontre leur fait monter les larmes aux yeux, et bientôt des filets de larmes ruissellent sur leurs joues. Ils se dissipent en minuscules gouttelettes, qui tombent sur la terre. Les gens allument des lampions et célèbrent la grande fête de l'été — la fête de la pluie. Heureusement que les larmes des deux amoureux viennent à cette époque-là de l'année abreuver la terre assoiffée! Car, à ce moment-là, la Fileuse céleste ne songe même pas à se mettre à tisser les nuages qui soulageraient la terre desséchée...

Voilà, nous avons fini de filer. Le petit écheveau est maintenant tout mince, alors attrapez vite le bout du fil, pour ne pas laisser s'échapper avec lui, le conte suivant!

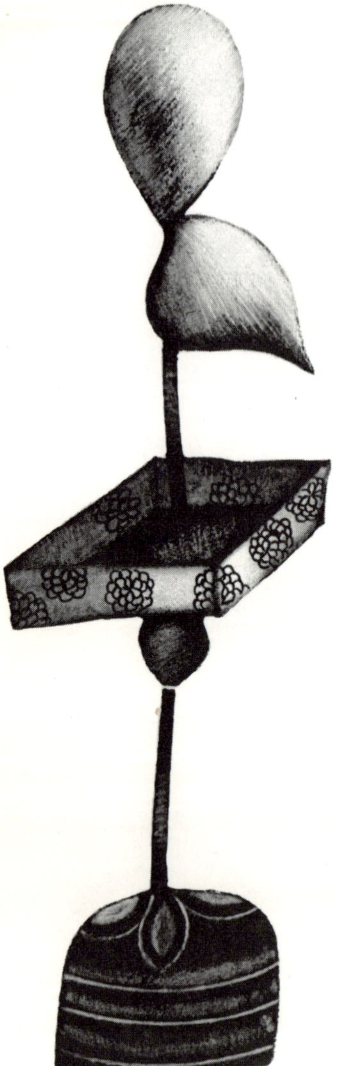

L'Inséparable et son frère

Sur une île perdue au milieu des flots d'un grand océan, deux jumeaux, sœur et frère vivaient avec leurs parents. La fillette s'appelait Pirieureura — ce qui veut dire l'Inséparable. Bien que Pirieureura ne soit l'aînée de son frère que de quelques minutes, elle aimait le garçon comme seules les mères peuvent aimer leurs enfants. Elle allait au devant de ses moindres désirs, elle l'accompagnait toujours dans ses expéditions aventureuses dans la forêt ou sur le rivage de l'océan, en surveillant d'un œil vigilant chacun de ses pas.

D'ailleurs, le petit frère avait bien besoin de la protection de sa sœur. Tarekore-kore, leur mère, était méchante et coléreuse, pour un oui ou pour un non, elle battait ses enfants. Le père avait beau gourmander sa femme pour ses sautes d'humeur, elle ne voulait rien entendre. Mais lorsque les choses tournaient vraiment mal, et que le garçon risquait d'être sévèrement puni par sa mère, la bonne Pirieureura prenait toujours la faute sur elle pour que son petit frère bien-aimé ne souffre pas.

Sur l'île où vivaient l'Inséparable et son frère, il était habituel d'aller pêcher la nuit. Un soir, le panier dans une main, une torche allumée dans l'autre, la mère Tarekore-kore s'en fut au bord de la mer pour pêcher. Vers minuit, alors que la mer commençait à se retirer, son panier était rempli à ras bord de poissons et elle rentra chez elle. Elle mit aussitôt les poissons sur les braises et réveilla ensuite son mari pour qu'ils prennent leur repas ensemble. Les poissons cuisant sur les braises dégageaient une odeur si délicieuse qu'en un rien de temps, ils avaient englouti leur part.

— Nous devrions peut-être réveiller les enfants pour qu'ils mangent tant que les poissons sont chauds! remarqua le père.

— Eh, quoi, ils ne meurent pas de faim! marmotta Tarekore-kore. Qu'ils me fichent la paix au moins la nuit! Je vais remettre les poissons dans le panier et demain matin les gosses les mangeront avec appétit, même s'ils sont froids.

Elle ne pensait déjà plus aux enfants. Elle retira les poissons du feu et les déposa dans le panier.

Pour éviter une nouvelle dispute avec sa femme, le mari s'en fut dans la maisonnette et se recoucha aussitôt. Bientôt dans le silence de la nuit, on n'entendit plus que le murmure des palmiers et le sourd gémissement de la mer toute proche.

Et pourtant, en tendant bien l'oreille, on pouvait distinguer dans la nuit silencieuse un autre bruit: les sanglots étouffés des deux enfants. Contrairement à ce que supposait Tarekore-kore, les enfants étaient encore éveillés. C'était la faim qui les empêchait de dormir. Ayant entendu les paroles de leur mère, ils n'osaient pas avouer leur faim. Ils restèrent donc couchés dans leur lit et l'Inséparable, le visage ruisselant de larmes, serrait son petit frère dans ses bras.

— Viens, nous allons partir! décida-t-elle tout à coup. Je ne veux plus qu'on te fasse des misères, et plus jamais tu ne te coucheras le ventre creux. Désormais, je vais m'occuper de toi toute seule!

— Mais où irions-nous? objecta le frère. Ils finiront bien par nous retrouver n'importe où et par-dessus le marché nous recevrons une bonne volée.

Bien que transie de peur et les yeux voilés de larmes, Pirieureura ne cessa pas pour autant d'encourager le garçon. Finalement, ils se glissèrent tout de même dehors et prenant les jambes à leur cou, ils se mirent à courir droit devant eux, sans savoir où ils allaient. Bientôt ils aboutirent au pied de falaises escarpées surplombant la mer et ils se mirent à les escalader, montant de plus en plus haut. Tandis qu'ils grimpaient, de chaudes larmes, l'une après l'autre, continuaient à couler sur leurs joues. Mais à peine touchaient-elles la pierre qu'un petit creux se formait à l'endroit même où elles étaient tombées, tellement elles étaient brûlantes! Mais si la pierre s'était attendrie sur le chagrin des malheureux enfants, seul le cœur de la mère resta dur.

A grand-peine, l'Inséparable et son petit frère grimpèrent ainsi jusqu'au sommet du rocher le plus élevé. Tout en bas, à leurs pieds, au fond d'un précipice, les vagues de la mer invisible venaient se briser sur la paroi à pic de la falaise et les deux enfants se sentaient plus abandonnés que jamais. Seules les étoiles flambaient au-dessus de leurs têtes et leurs lumières lointaines étaient à ce moment-là leur unique consolation.

— Tiens, regarde là-haut, dit l'Inséparable, levant sa main vers le ciel. Là-bas, nos parents ne nous retrouveront jamais et nous pourrons y flâner et jouer en toute liberté.

N'aie pas peur, petit frère, jamais je ne t'abandonnerai!

Là-dessus, elle saisit son frère par la taille et, en le serrant fort dans ses bras, elle bondit avec vigueur sur ses pieds.

Le lendemain, lorsque l'Étoile du matin commença à pâlir, Tarekore-kore se traîna chez les enfants pour les faire lever et prendre le petit déjeuner froid. Mais leurs couches étaient vides, seul le sol, encore trempé de leurs larmes, témoignait de leur récente présence. Tout de suite, proférant des injures, elle réveilla son mari et s'apprêta à battre les enfants dès qu'elle les apercevrait. Mais d'enfant, point! Alors que le soleil était déjà au zénith, les parents découvrirent enfin dans les falaises surplombant la mer, les petits trous creusés par les larmes des enfants. A l'idée qu'ils aient pu tomber du haut des falaises et se noyer dans les flots rugissants, la mère ressentit, peut-être pour la première fois de sa vie, une grande peur. Le cœur serré d'angoisse, les parents se précipitèrent en avant, en poursuivant d'étranges traces, jusqu'à ce qu'ils aboutissent sur la plus haute crête du rocher abrupt. Les petits creux s'arrêtaient là, mais pas la moindre trace des enfants. Les parents s'arrêtèrent, ne sachant quoi faire. D'un regard inquiet, la mère se mit à scruter les vagues mugissantes au fond de l'abîme à ses pieds.

— Les voilà! s'exclama soudain le mari et de son doigt il indiqua un endroit du ciel.

Et de fait, là-haut, dans le bleu du ciel, couraient les deux enfants. L'Inséparable tenait son petit frère par la main et ils gambadaient et folâtraient tout en riant gaiement. Dans ce ciel lointain, ils paraissaient tout petits, mais leur rire joyeux se propageait jusqu'au rocher.

— Arrêtez-vous, méchants enfants! Vous allez voir! s'écria rageusement Tarekore-kore, furieuse, et d'un bond, elle s'élança vers le ciel. L'homme l'imita aussitôt et une fois dans le ciel, ils se mirent à courir à toutes jambes...

Mais l'Inséparable et son petit frère avaient déjà une sérieuse avance. Ils continuaient à rire et à sautiller dans le ciel, ne se souciant guère des menaces de leur mère. Lorsque la nuit commence son règne et que le ciel prend la couleur de la plus sombre des coquilles, vous aussi, pouvez apercevoir Pirieureura et son petit frère. Ils ressemblent aux étoiles à s'y méprendre. Une seule chose les distingue des autres: en se tenant par la main, ces deux étoiles se serrent très près l'une contre l'autre. Le père et la mère Tarekore-kore courroucée, courent toujours dans le ciel.

Mais, oh! combien longues sont les distances qui séparent les étoiles! Depuis des temps immémoriaux, les habitants de l'île perdue au milieu d'un vaste océan se transmettent l'histoire de Pirieureura et pourtant tous ont toujours affirmé que depuis ce temps-là, la méchante mère et le père ne s'étaient pas rapprochés d'un seul pouce de leurs enfants. Et il faut bien dire qu'il y en a, des poignées de ténèbres entre la méchante Tarekore-kore et les Gémeaux heureux.

Le serpent à sonnette et l'Étoile polaire

Comme les serpents rampent sur le sol, ils sont encore plus éloignés des astres que les hommes, qui vivent debout. Le serpent à sonnette, lui aussi, traîne partout son long corps. Il est la risée de tout le monde, mais c'est tout de même l'Étoile polaire qui se moque le plus du pauvre reptile.

— Regardez, regardez! Comme il est ridicule, quand il agite sa queue! crie-t-elle au serpent à sonnette dès qu'elle l'aperçoit. Oh! quel estropié, il n'a ni bras ni jambe! Et s'il veut se déplacer un peu, il lui faut prendre appui sur tout son corps — et encore pour zigzaguer comme un homme ivre!

Bref, elle ne ratait aucune occasion pour jeter sur le serpent à sonnette tous les sarcasmes qu'elle arrivait à trouver.

— Laideron, éclopé, espèce de ver de terre à écailles!

Tout en se blottissant encore plus près du sol, le serpent à sonnette se plaignait amèrement à la mère Terre:

— Cette Étoile polaire ne me laisse jamais tranquille, elle me rit au nez et me provoque sans arrêt!

La mère Terre donna alors au serpent à sonnette deux dents pointues, avec lesquelles il pourrait désormais se protéger contre tout assaillant éventuel. Mais ces dents n'étaient pas seulement pointues; en plus elles contenaient le venin. Mais déjà l'Étoile polaire s'approche à nouveau du serpent à sonnette et reprend son jeu malveillant:

— Espèce de bâton animé! lui lança-t-elle.

Mais celui-ci se dressa comme un ressort et de ses dents venimeuses la mordit au doigt. L'Étoile polaire fut si effrayée qu'elle prit immédiatement la fuite et regagna dare-dare sa place dans le ciel. Depuis ce jour, elle ne bouge plus, sans même se soucier du ciel qui n'arrête pas de tourner.

Seulement, le serpent à sonnette n'était pas encore au bout de ses peines. Arrivèrent des chasseurs, qui s'acharnaient à le piquer de leurs lances, à le battre avec leurs bâtons et à le poursuivre sans cesse à travers la forêt.

— Enlève ta vilaine peau, monstre! lui criaient-ils.

— Je vous le revaudrai! se fâcha le serpent à sonnette et il se précipita sur les chasseurs et en mordit plusieurs.

La mère Terre observa la lutte du serpent et des chasseurs.

— Il faut faire quelque chose, sinon personne ne te laissera tranquille, lui dit-elle. Je vais dessiner avec des astres un signe d'avertissement sur le ciel.

Et en effet, elle tint parole. Par une claire nuit, vous pourrez distinguer sur le firmament cinq doigts d'une main, déployés autour de l'Étoile polaire. L'un d'entre eux est plus court. Il indique ainsi à tout le monde qu'il a été mordu par le serpent à sonnette.

Voilà pourquoi, de nos jours, les chasseurs se gardent bien d'attaquer le serpent à sonnette. Et vous-mêmes, si vous voulez qu'il vous laisse tranquille, ne vous vous moquez pas de lui en disant qu'il est plus éloigné que vous des étoiles.

Persée et Andromède

Danaé, fille royale, mit au monde un petit garçon qu'on appela Persée. C'était un bel enfant, mais le vieux roi, père de Danaé, ne se réjouissait guère de la naissance de son petit-fils. Un oracle lui avait prédit qu'un jour, il serait tué par le fils de sa fille. Et le roi avait très peur de la mort. Il la craignait à tel point qu'il n'hésita pas à ordonner d'enfermer sa fille et son petit-fils dans une caisse et de les jeter à la mer.

Les vagues ballottèrent la caisse en tous sens, et à l'intérieur, Danaé, toute tremblante de peur, étreignait son enfant. Mais il semble que même la mer ne soit pas aussi cruelle que ne le sont les gens. La mer compatissante berçait doucement les deux pauvres malheureux, en les poussant vers une côte inconnue. Là, des pêcheurs découvrirent bientôt la caisse et délivrèrent Danaé et Persée de leur étrange prison.

La nouvelle de l'étrange découverte parvint jusqu'aux oreilles du roi de ce pays. Il fit venir Danaé et son fils en son palais et leur offrit l'hospitalité. Le petit Persée put alors jouer aux jeux dignes d'un enfant royal. Lorsqu'il eut un peu grandi, il commença à s'entraîner au maniement des armes, frappait de son épée de taille et d'estoc, faisait cliqueter son bouclier et montait à cheval au grand galop. Mais lorsqu'il fut devenu un vigoureux jeune homme, son beau-père se mit à craindre pour son trône autant que jadis le grand-père de Persée. Il n'avait pas d'enfant et l'intrépide Persée n'avait pas son pareil dans tout le royaume. Le roi avait donc déduit qu'il lui fallait envoyer Persée quelque part d'où tout retour serait impossible. Un jour, il lui parla ainsi:

— Tes capacités surpassent la bravoure des plus courageux de mes hommes, Persée. Mais à vrai dire, pour être franc, tu n'as encore subi aucune épreuve. La peau de ton corps est la peau d'un nouveau-né; pas la moindre cicatrice ne la décore.

— Envoie-moi à la bataille et nous verrons! rétorqua fermement Persée.

— Voudrais-tu pour cela attendre patiemment la prochaine guerre? renchérit le roi. Je connais une bien meilleure façon pour mesurer tes forces. As-tu déjà entendu parlé de Méduse?

— Méduse? Qu'est-ce que c'est?

— Bien loin d'ici, à l'autre bout du monde, vivent trois sœurs: les Gorgones. Ce sont de hideux monstres ailés qui portent des serpents à la place de la chevelure. Deux d'entre elles sont immortelles et l'homme ne peut rien contre elles. Par contre, rien ne protège la troisième d'un coup mortel. Trouve Méduse et ramène-moi sa tête!

— J'exaucerai ton vœu, roi! promit Persée, sans réfléchir.

— Mais prends garde, cher garçon, ajouta le roi avec un sinistre sourire. Méduse ne t'offrira pas sa tête contre un simple sourire. Elle possède une arme bien plus redoutable que ton glaive: ses yeux. Celui qui les regarde se transforme immédiatement en roche.

— En dépit de cela, je te rapporterai sa tête! répéta Persée et il s'en alla sur-le-champ faire les préparatifs d'un long voyage.

Ainsi, pour la seconde fois, le Destin intervint dans la vie de Persée. Tandis que sa mère fondait en larmes, le roi se frottait les mains secrètement, tout réjoui à l'idée de se débarrasser d'un rival dangereux aussi facilement. Insensible aux larmes et supplications de sa mère, Persée se mit aussitôt en route vers l'Ouest, où vivaient les Gorgones. Il

marchait depuis longtemps lorsque soudain la déesse Athéna lui apparut, en compagnie du dieu Hermès.

— Je sais où tu diriges tes pas, Persée, dit-elle. Je veille sur les héros et si tu continues à agir aussi courageusement que par le passé, tu auras tes chances de vaincre Méduse. Mais écoute-moi bien, à présent! Avant d'atteindre la région habitée par les Gorgones, il faudra d'abord te rendre chez les Graies, leurs sœurs. Tu les reconnaîtras facilement à la chevelure blanche qu'elles portent depuis la naissance. Les Graies doivent t'indiquer le chemin qui mène aux nymphes. Tu dois obtenir des nymphes le casque magique, le sac et les sandales ailées, dont tu auras absolument besoin pour combattre Méduse.

Là-dessus, elle prit des mains d'Hermès une courte épée, et la tendit à Persée avec son propre bouclier de métal poli tout en disant:

— Ce glaive et ce bouclier te rendront de bien plus grands services que les sandales, le sac et le casque des nymphes. Ils te seront indispensables pour pouvoir combattre Méduse. Mais n'oublie pas qu'il n'y a pas qu'avec la force des armes que l'on emporte une victoire. C'est moi, Athéna, la plus sage des déesses qui te le dis. Lorsque tu affronteras Méduse, ne te sers pas seulement de tes mains, fais aussi travailler ton cerveau!

Sur quoi, les dieux disparurent aussi vite qu'ils étaient apparus. Suivant la route indiquée par Athéna, Persée se dirigea vers l'endroit où vivaient les vieilles Graies. D'ailleurs, la main invisible de la déesse le mena directement vers leur cabane. A son arrivée, les vieilles sœurs étaient justement en train de se quereller avec acharnement. A elles trois, elles ne possédaient qu'une dent et un œil. Elles passaient le plus clair de leur temps à se les disputer, car chacune prétendait avoir le droit de les garder.

— Holà, étranger, cria l'une d'elles, sois notre arbitre et décide à qui appartient cet œil et cette dent!

Et elle les lui tendit.

C'était comme si Athéna soufflait à l'oreille de Persée que déjà ici plutôt que d'une épée, il fallait se servir de la tête! A peine tint-il dans ses mains l'œil et la dent qu'il dit aux vieilles:

— Rien de plus facile! Je vais garder vos trésors et ainsi vous n'aurez plus de raison pour vous disputer.

En entendant cela, les aveugles Graies se mirent à se lamenter et crier à tue-tête. En tâtonnant de leurs mains tout autour, les vieilles suppliaient Persée de leur rendre l'œil et la dent, tout en lui promettant monts et merveilles. Mais Persée ne demandait qu'une seule chose: de lui indiquer le chemin qui mène chez les nymphes. Les vieilles devinèrent les intentions de Persée et comprirent qu'un danger mortel menaçait leur sœur Méduse. Mais si elles voulaient encore par leur unique œil apercevoir la lumière du soleil, il leur fallait se plier au désir de Persée. Ce fut donc à contrecœur qu'elles lui montrèrent la direction à prendre pour aller au pays des nymphes. Persée leur rendit l'œil et la dent et sans plus tarder il se dirigea vers les bosquets verdoyants et les ruisseaux gazouillants, où les nymphes passaient tout leur temps à jouer et à danser. Oh! quels parfums merveilleux y embaumaient l'air, oh! quel chant doux et mélodieux des oiseaux s'y faisait entendre! Les nymphes dansaient dans de vertes prairies, jouaient à cache-cache dans les buissons de laurier, avec des fleurs magnifiques, elles tressaient des couronnes. Si Persée n'avait pas eu sa mission à accomplir, il serait sûrement resté auprès d'elles. Mais à présent, il lui fallait un sac pour y déposer la tête de Méduse, ainsi que le casque magique, qui rend invisible quiconque le met sur sa tête. A peine eut-il présenté sa demande que les nymphes lui apportèrent avec empressement les deux objets désirés. Impatient déjà d'affronter les terribles Gorgones, Persée chaussa immédiatement les magiques cothurnes ailés, qui l'emportèrent aussitôt dans les airs.

A maintes reprises le paysage changea d'aspect sous Persée porté par ses sandales ailées. Finalement, les oliveraies se firent de plus en plus rares et cédèrent la place à un pays désolé, jonché de roches qui rappelaient des êtres humains. Ces pierres, c'étaient les malheureux qui avaient succombé au charme des yeux des Gorgones. D'ailleurs, celles-ci ne pouvaient plus être très loin! «Mais comment couper la tête de Méduse, sans lui jeter un regard?» pensa soudain Persée. C'est alors que le conseil de la déesse Athéna lui revint à l'esprit: pour vaincre le monstre, il fallait se servir aussi de son cerveau. Son regard tomba par hasard sur la surface polie de son bouclier de métal, sur laquelle se réfléchissait tout le paysage environnant. Ne pourrait-il pas surveiller de la même manière les sorcières Gorgones et éviter ainsi leur regard fatal?

Bientôt Persée les aperçut toutes les trois dans le miroir de son bouclier. Elles dormaient à l'ombre des rochers, les ailes grises repliées le long du corps et, à la place des cheveux, des serpents enlacés ornaient leurs têtes. Après ce long pèlerinage, Persée avait enfin atteint son but.

— Vas-y, attaque Méduse! fit entendre la voix d'Athéna. C'est la plus grande de toutes les trois.

Mais Persée avait déjà reconnu Méduse avant qu'Athéna ne la lui eut indiquée. Elle était endormie mais les serpents qui ornaient sa tête se tortillaient sans cesse, et dès qu'ils eurent aperçu au-dessus d'eux le héros armé, ils se mirent

à siffler de façon menaçante. Déjà Persée descendait rapidement vers les monstres hideux, dont le reflet dans le bouclier devenait de plus en plus grand. Ensuite, le métal ne réfléchit plus que la tête de Méduse et le héros y aperçut un instant ses yeux cruels, qui venaient de s'ouvrir. Sans hésiter, il leva son épée et déjà la tête tranchée roulait par terre. Persée se posa alors sur le sol — le temps que ses mains tâtonnantes saisissent l'horrible chevelure. Une fois l'effrayant butin dans le sac, les sandales ailées élevèrent à nouveau leur maître dans les airs.

Mais au même moment, un autre bruit d'ailes se fit entendre. De la gorge tranchée de Méduse s'échappa un blanc cheval ailé: Pégase. Il poussa un hennissement sauvage, frappa de son sabot quelques pierres d'où jaillirent des étincelles, puis il s'envola en dépassant rapidement Persée, pour disparaître bientôt dans le bleu du ciel.

Le sifflement des serpents, le coup d'épée de Persée et le hennissement de Pégase réveillèrent les sœurs de Méduse. Elles se dressèrent d'un geste brusque, déployèrent leurs ailes et comme déchaînées, s'élancèrent éperdument à la poursuite de l'intrus. Ce dernier, s'abritant devant leur regard mortel derrière le bouclier, réussit pourtant à s'échapper, grâce au casque magique qui le rendait invisible. C'est en vain qu'elles sillonnèrent le ciel dans l'espoir de se saisir de leur invisible ennemi. Persée était déjà loin d'elles, et bientôt il ne distinguait même plus le hurlement effroyable des sorcières déchaînées.

«J'ai gagné, j'ai gagné!» se réjouissait Persée en ajustant la lanière du sac dans lequel il ramenait à son père le trophée désiré. Personne n'ignore que c'est en surmontant de multiples obstacles qu'on devient un héros. A peine Persée venait-il d'échapper à un danger que déjà un autre le guettait, pour retarder son retour à la maison. Un bruit fracassant retentit à nouveau dans les airs. Mais cette fois-ci, ce n'était plus les Gorgones; une tempête impétueuse traversa le ciel et emporta Persée avec elle. A nouveau celui-ci déploya toutes ses forces pour lutter contre la bourrasque. Epuisé par le combat inégal, il réussit tout de même à descendre sur terre. Il atterrit en Afrique, loin de son pays, dans une contrée où il n'y avait âme qui vive.

Du moins, c'est ce qu'il pensait. Mais tout à coup, une voix tonna au-dessus de lui:

— Ah, te voilà! Ne serais-tu pas venu pour me voler les pommes d'or?

Persée leva la tête dans la direction d'où venait la voix et aperçut au-dessus de lui un géant grand comme une montagne, dont les jambes écartées étaient enfoncées dans la terre.

— Je ne saurais que faire de tes fruits, lui répondit-il, je veux tout simplement me reposer.

— Décampe immédiatement, je ne te crois pas! fulmina à nouveau le géant et il se pencha au-dessus de Persée dans l'intention de l'écraser, semblait-il, de ses effroyables mains.

Persée comprit que dans des circonstances pareilles il ne saurait pas se tirer d'affaire avec une seule épée magique. Aussi sortit-il rapidement la tête de Méduse de son sac et, en détournant son visage, il la brandit devant le géant. Celui-ci se changea sur-le-champ en pierre et la montagne qui s'élève encore de nos jours en Afrique, porte son nom: elle s'appelle Atlas. Le géant pétrifié s'y dresse tel qu'il était au moment où ses yeux rencontrèrent ceux de Méduse: les jambes plantées dans le sol, il supporte sur ses larges épaules tout le poids du ciel.

Tandis que Persée poursuivait son voyage dans les airs, une triste histoire se déroulait à l'autre bout de l'Afrique. Dans un pays, où régnait le roi Céphée et sa femme Cassiopée, un horrible monstre marin, ressemblant à une baleine, avait fait son apparition. Il s'était mis à avaler des troupeaux entiers de bétail et bientôt il avait revendiqué une rançon bien plus cruelle: les personnes vivantes. Lorsqu'un grand nombre de jeunes gens et de jeunes filles eut ainsi péri dans la gueule du monstre, les sujets commencèrent à protester. Pourquoi le roi ne donnerait-il pas l'exemple en sacrifiant ce que lui était le plus cher au monde? Ainsi arriva le jour où la belle Andromède, fille royale, dut être sacrifiée à son tour. Enchaînée à un rocher au bord de la mer, elle attendait sa triste fin. Déjà les vagues s'écartaient, livrant le passage à l'ignoble bête. Autour de son corps, une blanche écume apparut, comme si l'océan s'était mis à bouillir. A la vitesse d'un éclair, le monstre s'approchait des récifs où était attachée Andromède. La reine Cassiopée qui pleurait toutes les larmes de son corps et le roi Céphée détournèrent leurs têtes. La foule se figea et parmi les spectateurs, nombreux étaient ceux qui n'osèrent plus porter leurs regards sur la malheureuse Andromède attendant ses derniers instants.

Mais tout à coup, bien que la journée fut ensoleillée, un petit astre se mit à briller dans le ciel. Il grandissait sans cesse. Un murmure étonné se fit entendre dans la foule. Bientôt l'astre eut l'apparence d'un héros inconnu, chaussé des sandales ailées. Dans sa main droite, il tenait un glaive, dans sa main gauche, un bouclier, dans lequel le soleil s'incrustait d'un tel éclat que l'étranger ressemblait vraiment à une étoile.

Le roi Céphée poussa un cri de stupeur et de joie en même temps. Dès que le héros eut aperçu Andromède en danger, il s'abattit sur l'affreuse bête et planta son épée dans le corps couvert d'écailles visqueuses. Mais le monstre se mit à s'agiter et à battre de sa queue l'eau qui éclaboussait jusqu'à la rive. L'épée haute, le jeune homme intrépide se lançait encore et encore sur la baleine et transperçait son corps d'innombrables coups. L'eau de la baie était déjà rouge de son sang, pourtant le monstre continuait à combattre pour sa vie. Mais au fur et à mesure des attaques, ses forces faiblissaient. L'homme aux cothurnes ailés descendit jusqu'à Andromède, lui passa la main gauche autour de la taille et, de la main droite, porta le coup mortel à la bête. Son corps, qui se tortillait encore dans les spasmes de la mort, fit lever le niveau de la mer si haut qu'Andromède et son sauveur se virent d'un seul coup immergés jusqu'à la taille. Mais déjà tout danger était écarté. Le monstre avait disparu dans l'eau de la mer, le héros délivra Andromède de ses chaînes et dans ses bras, il la porta ensuite aux pieds du couple royal.

La foule poussa des cris de joie et des larmes de bonheur montèrent aux yeux du roi. La reine enleva les armes des mains de l'audacieux jeune homme et, avec un foulard, elle essuya de son front la sueur mêlée de sang.

— Qui es-tu, étranger? demanda-t-elle.

— Je suis Persée, ô reine! Je suis vainqueur de Méduse et du géant Atlas, je suis le sauveur de votre fille.

Avec d'infinies précautions, il déposa ensuite son sac sur le sol jonché des petites brindilles. Le sang qui coulait encore de la tête de Méduse passa à travers le sac et transforma ces petites brindilles en pierre de couleur rougeâtre, que nous appelons depuis ce temps-là le corail. Toutes les personnes qui assistaient au spectacle restèrent figées de stupeur à la vue d'une telle merveille.

Mais c'était tout de même la belle Andromède qui était la plus merveilleuse. Ses joues reprirent sa belle couleur rose et elle se mit à regarder Persée d'un regard si tendre que le courageux vainqueur de Méduse en eut le souffle coupé. Le regard d'Andromède n'échappa pas au sage roi Céphée. Celui-ci s'adressa à Persée:

— Sois notre hôte, Persée. Je sais bien qu'avec tout l'or que je possède je ne pourrais te récompenser pour ton action héroïque. Le prix de l'or est mesurable, mais l'amitié et l'amour n'ont pas de prix. Si mon peuple et moi-même, nous pouvons te témoigner de notre plus chaleureux dévouement et si l'amour de notre fille touche ton cœur, les deux seront immédiatement à tes pieds.

Comment donc s'étonner que bientôt le mariage d'Andromède avec Persée fut célébré dans le palais royal? Le son des flûtes et celui des lyres dont jouaient les meilleurs aèdes du pays accompagnèrent le chant des héros merveilleux. Ainsi prit naissance un nouveau poème sur un jeune homme courageux, qui ne recula pas devant le pouvoir mortel des yeux de Méduse, qui sut vaincre la baleine, pour succomber ensuite au regard tendre d'une belle jouvencelle.

Ce fut sans doute un grand poète qui chanta ces louanges au mariage de Persée. Autrement, le poème n'aurait pas survécu des millénaires et la gloire de Persée ne se serait pas élevée jusqu'aux astres. Là-haut, dans le ciel, la déesse Athéna noua ce chant aux étoiles avec des fils brillants, de sorte que jusqu'à nos jours, dans les profondeurs de l'océan sombre qui s'étend au-dessus de nos têtes, flotte encore la Baleine, la belle Andromède s'y évanouit dans ses chaînes, l'intrépide Persée y brandit son épée et tient la tête de Méduse. Même le roi Céphée y tend les bras pour accueillir le sauveur de sa fille et, de son trône, la reine Cassiopée y bénit l'amour des jeunes époux. Par une nuit calme, le bruit des sabots de Pégase, cheval ailé, y retentit.

Ce sont les astronomes qui pourraient vous dire combien sont vraies les paroles de l'aède, car eux seuls, depuis des millénaires, les apprennent par cœur.

La pêche miraculeuse de Maui

Loin de toute terre, au milieu du vaste océan, se dressent des centaines d'îles, petites et grandes. Les vaguelettes bleues viennent s'écraser sur leurs rivages, et là où les vagues glissent sur le sable, on entend aussitôt leur murmure:

— Comment es-tu apparue ici, chère île? Étais-tu là, hier? Et demain, y seras-tu encore...?

Ensuite l'eau se retire et se hâte vers d'autres rives, pour y demander la même chose.

Sur l'une de ces îles vivait jadis Maui et ses frères. C'était un garçon qui avait accompli des exploits que personne n'aurait pu surpasser: il avait appris au soleil à faire sa ronde dans le ciel, et c'était lui qui avait apporté le feu aux gens. On eût dit que les dieux, eux-mêmes, protégeaient ses capacités extraordinaires, mais sur un point, Maui se distinguait tout de même des dieux: il n'éveillait pas la peur dans les âmes des gens.

A cette époque-là, dans ce vaste océan, il n'y avait pas encore autant d'îles grandes et petites qu'aujourd'hui et les pêcheurs pouvaient naviguer sur mer des journées et des journées entières, sans en apercevoir une seule. Mais, il y avait d'autant plus de poissons dans les eaux de l'océan; les frères de Maui partaient chaque jour à la pêche en mer, et chaque soir, ils revenaient, la barque pleine jusqu'au bord. Seul Maui se promenait tous les jours sur les rives, les bras dans le dos et depuis l'époque où il avait hissé le soleil dans le ciel, il n'avait plus envie de se mettre au travail. D'ailleurs, ses frères le voyaient d'un mauvais œil dans leur barque. Ils disaient qu'à la pêche Maui effarouchait les poissons avec ses tours de magie.

— Voyons, à quoi es-tu bon, Maui? lui reprochèrent les femmes, dont les maris se trouvaient au large. Nous n'avons encore jamais aperçu un poisson sorti de tes propres mains de la mer. Tu n'es qu'un fainéant! Est-ce que tu t'imagines que tes frères vont te nourrir éternellement à ne rien faire?

— N'importe qui sait pêcher le poisson, leur répondait tranquillement Maui. Les dieux m'ont prédestiné à d'autres exploits qu'à la pêche. Dites-moi plutôt s'il existe quelque chose dont je ne serais pas capable!

— Nous n'avons que faire de tes tours de magie, et les femmes s'obstinaient à raviver la querelle. La peau de nos hommes est imprégnée de sel, et sans leur pêche, on serait tous morts de faim depuis belle lurette. Toi y compris, Maui. Et tandis que les autres risquent tous les jours leur vie sur la mer, toi, bon à rien, tu ne sais même pas ce qu'est un filet et quelle amorce il faut pour capturer tel ou tel poisson.

De tels propos finirent par échauffer les oreilles de Maui.

— Vous croyez? dit-il. J'en ai assez, de vos mesquineries, qui tourbillonnent aussi inutilement que le sable des bas-fonds! C'est entendu, je vais vous pêcher un tel poisson que vous ne pourrez le manger entièrement avant la fin de vos jours et que vous vous casserez les dents sur ses arêtes. Pour cela, je me procurerai des instruments auxquels personne dans le village n'a même rêvé!

Au soir, Maui quitta en cachette la maison et alla s'asseoir au bord de la mer. La nuit était belle, la Lune flottait dans le sombre ciel, mais ce n'était pas elle que Maui fixait de ses yeux. Son regard s'arrêta sur un grand arc étincelant, dans lequel nous reconnaissons aujourd'hui la queue relevée du gigantesque Scorpion. Mais un Scorpion, cela ne veut peut-être rien dire à un garçon d'un village des pêcheurs, perdu au milieu d'un océan sans fin! Il est fort probable que de sa vie, il n'en avait encore jamais vu aucun. Pour lui, c'était bel et bien un magnifique hameçon de pêche, incrusté de nacre poli, que les mains des dieux avait exposé sur le ciel nocturne, à l'admiration de tous les pêcheurs qui rêvaient de la belle prise du lendemain.

Maui, lui aussi, cette nuit-là, rêvait d'une pêche miraculeuse, qui se graverait dans la mémoire des habitants de cet immense empire des îles. Pour la réussir, il lui fallait absolument cet hameçon céleste. Il s'inclina bien bas devant la mer mugissante, puis devant le ciel étoilé, puis s'écria dans les ténèbres:

«Maui implore et supplie qu'en aide lui viennent
les dieux qui ténèbres, astres et nuit gouvernent,
pour que cet hameçon qui flamboye là-haut, sur la voûte ténébreuse,
lui vienne au secours pour sa pêche miraculeuse!»

Quel est cet objet que l'avisé Maui serre à présent dans ses mains? Sur quoi s'appuie-t-il, tout d'un coup? Que vient donc prêter au garçon des îles le ciel nocturne? Toute la côte baignait maintenant dans une vive clarté diffusée par cet objet magique, qui, à part son éclat aveuglant, ressemblait aux hameçons à l'aide desquels les habitants des îles attrapent les poissons. Mais si seulement il n'était pas si gigantesque! Oh! combien grand devait être le poisson qui se ferait crocheter par cet outil céleste!

Maui enroula la corde, sur laquelle les dieux avaient fait descendre l'hameçon, et avec son nouvel outil de pêche, il alla se cacher dans la proue de la barque de ses frères. Le disque du soleil n'avait pas encore blanchi l'horizon, quand il fut réveillé par les voix de ses frères et le bruit sourd des cordes qui retombaient sur le fond de la barque. Mais Maui, se blottissant en boule dans sa cachette, se gardait bien de leur faire remarquer sa présence. Ce ne fut que lorsque la barque cingla vers le large qu'il se montra enfin à ses frères.

— Combien de fois t'ai-je répété, Maui, qu'à la pêche, tu ne fais que nous gêner! entra en grande colère le frère aîné. Virez de bord immédiatement, on va ramener Maui sur la rive!

Les frères obéirent aussitôt, mais Maui avait déjà préparé une autre incantation:

«Aidez-moi, dieux, à nouveau,
chassez la barque loin de l'îlot,
ou faites en sorte que devant le bateau,
notre île se mette à fuir sur les flots!»

Et en effet. Les frères avaient beau souquer ferme sur leurs avirons, leur île ne faisait que s'éloigner, comme un gros poisson fuyant les pêcheurs.

— Laissez, dit l'aîné, quand leurs efforts se furent avérés tout à fait vains. Maui aura sûrement envoûté une fois de plus la mer par sa magie. Il nous aidera au moins à vider l'eau de la barque.

Les frères atteignirent enfin les eaux où ils avaient l'habitude de pêcher. L'aîné leur ordonna de piquer des amorces sur les hameçons et de les lancer à l'eau. Puis il dit à Maui:

— Jette l'ancre!

— Pas ici, conseilla Maui. Je connais un endroit bien plus propice pour la pêche.

Bien que les frères eussent une mauvaise opinion sur les capacités de pêcheur de Maui, ils se laissèrent tenter par ses promesses. Ils dirigèrent donc la barque dans la direction indiquée. Et vrai, au bout de quelques instants, ils se trouvèrent dans un endroit où d'innombrables bandes de poissons ridaient la surface de la mer.

— Jette l'ancre, Maui! s'écria, enthousiasmé, le frère aîné.

On ne saurait jamais trouver un endroit plus propice à la pêche que celui-ci!

— En effet, c'est un bon endroit, admit Maui. Mais j'en connais un autre, bien meilleur!

Cette fois-ci, les frères ne furent pas longs à se laisser convaincre et ils se remirent à ramer. Vers midi, Maui s'écria:

— Voilà, ce sont les meilleures eaux pour la pêche que je connaisse!

Et aussitôt de jeter l'ancre à la mer. Mais la mer y était aussi lisse que la surface d'une grande coquille d'argent, pas la moindre vaguelette ne venait la rider et pas une seule nageoire de poisson ne fendait la surface.

— Où diable nous as-tu amené? s'exclama l'aîné. D'ici, on ne ramènera même pas une seule écaille.

Il donna pourtant l'ordre à ses frères de lancer à l'eau les hameçons, mais les lignes ne tressaillirent même pas. Partout régnait un étrange silence, aucune brise ne soufflait, seul le soleil brillait et sa vive clarté illuminait les flots de la mer jusqu'au fond même.

— Ne l'ai-je pas dit? fulmina le frère aîné, au bout de quelques longues heures d'une attente stérile. C'est bien à cause de toi que ce soir on va rentrer bredouille!

A la surprise générale, Maui répondit:

— Je ne vois pas pourquoi vous devriez capturer quelques poissons. Aujourd'hui, c'est moi qui suis sorti à la pêche et c'est bien pour moi-même que j'ai cherché l'endroit le plus propice. Maintenant, j'attends mon occasion.

A ces mots, il passa à la proue et sortit de sa cachette un énorme hameçon, dix fois plus grand que le plus gros des poissons peuplant l'océan dans ce coin du monde.

Les frères se récrièrent de stupéfaction, car de leur vie, ils n'avaient encore jamais aperçu une telle beauté. Même la rivière des plus belles perles ne pourrait se comparer à cette merveille! Même la nacre aux plus belles couleurs de l'arc-en-ciel, ne saurait briller d'un tel éclat, obligeant à cligner des yeux! Maui déroula la corde et pria le frère aîné de lui donner une amorce.

— Tu n'auras rien! refusa net celui-ci, que la supercherie de Maui et ses éternels exploits magiques avaient fait entrer en une grande colère.

— D'ailleurs... ajouta-t-il, rien à dire, tu as un magnifique hameçon, mais je voudrais bien voir la taille du poisson qui pourrait le mordre.

Maui resta muet. Il ferma le poing et s'asséna un grand coup sur le nez, à en faire jaillir le sang. Puis, avec ce sang, barbouilla tout l'hameçon, de sorte que sa lueur devint rougeâtre. Avec son étrange outil de pêche, il se pencha ensuite au-dessus des flots, et se mit à scruter à travers l'eau limpide, le fond de la mer. Bien que rouges de colère, les frères ne purent étouffer leur curiosité. A leur tour, ils se penchèrent par-dessus le bord, et à la vue du spectacle qui s'offrait à leurs yeux, ils se mirent à trembler; tout bas, dans les profondeurs de la mer, venait d'apparaître une ombre démesurée et, seules d'énormes et puissantes nageoires et de grands yeux qui se tournaient vers la surface, leur permirent de reconnaître dans cette ombre un poisson. Après avoir examiné d'un œil attentif le vaste dos du poisson, ils restèrent figés de stupeur. Un village entier, avec des maisons multicolores aux toitures sculptées, s'y étendait. Jamais les pêcheurs n'avaient encore vu de si belles maisons.

Mais déjà Maui se mit à balancer le hameçon au-dessus de l'eau — et plouf! un haut geyser d'eau s'éleva et la surface de la mer se referma à nouveau. La ligne glissait rapidement entre les doigts du garçon et au fur et à mesure qu'elle s'enfonçait dans les eaux profondes, le hameçon brillant devenait de plus en plus petit. Lorsqu'il se fut approché du dos du poisson, Maui le crocheta avec beaucoup d'adresse sous le toit de la plus haute maison.

— Aidez-moi! dit Maui à ses frères, tout en tirant de toutes ses forces sur la corde.

Même en rassemblant tous leurs efforts, comment cette poignée de minuscules personnes aurait-elle pu venir à bout d'un si gros poisson, si Maui n'avait pas eu en réserve encore une autre incantation:

«Grand Tonganui, je te prie de venir m'aider,
afin que l'hameçon, que la nuit m'a cédé,
soulève le poisson géant des profondeurs des eaux,
et qu'il nous paraisse aussi léger que la plume d'un oiseau!»

Et aussitôt la ligne céda, comme si quelqu'un l'avait coupée au fond de la mer, faisant tomber les hommes dans la barque à la renverse! A présent, il leur suffisait de tirer sans trop d'effort, et le poisson géant commença à monter lentement vers la surface. En même temps, d'énormes bulles surgirent des profondeurs, l'eau s'était couverte de blanche écume, comme si l'océan s'était mis à bouillir. L'implacable silence fut alors remplacé par un mugissement sauvage, des tourbillons affamés se mirent à tournoyer autour de la barque. Presque toute la corde reposait à nouveau au fond de la barque, et les toits sculptés des maisons, dressées sur le dos du poisson, commencèrent à émerger. Puis la barque tangua quelque peu, et les pêcheurs étonnés constatèrent qu'ils ne naviguaient plus sur la mer, mais qu'ils se trouvaient sur la terre ferme.

Seulement, au bout de quelques instants, la présumée terre sous leurs pieds se mit à trembler vigoureusement, et les hommes durent s'agripper des deux mains au bord de la barque afin de ne pas tomber dans les flots. A peine les chauds rayons du soleil eurent-ils effleuré le corps du poisson géant que celui-ci se jeta en avant dans un brusque mouvement, et le long de ses flancs une vraie bourrasque se déchaîna. L'eau se précipitait à la vitesse de l'éclair vers sa queue, en formant loin derrière le poisson un profond sillage blanc.

Plusieurs heures s'écoulèrent avant que les forces du monstrueux poisson ne s'épuisent. Mais ses mouvements devenaient tout de même de plus en plus lents. Tout à coup, en se tortillant encore dans les spasmes de la mort, le monstre marin se souleva un peu au-dessus de l'eau, puis se figea. Bientôt, seules les vagues paisibles de la marée haute se mirent à entourer ses flancs. Le corps de la baleine s'était changé en pierre. Sa dernière convulsion avait créé sur son corps des montagnes et des vallées, des baies et des falaises abruptes. Les jeunes hommes baptisèrent la nouvelle île du nom de Papa-tu-a-nuku, et sautèrent à nouveau dans leur barque, pour aller chercher les autres habitants de leur ancienne île, qui était devenue trop exiguë.

Cependant, Maui ne s'était pas embarqué et il décida d'attendre l'arrivée des autres sur place. Il se réjouissait d'avance à l'idée de l'expression étonnée des femmes, à l'abordage. Elles seront bel et bien obligées d'admettre qu'avant la fin de leurs jours, elles ne pourraient engloutir le poisson que Maui venait de capturer, et que, ma foi, elles se casseraient toutes les dents sur les arêtes de ce poisson...

Le disque du soleil disparut derrière l'horizon, et la nuit tomba sur l'île. Maui était à nouveau assis au bord de la mer et contemplait le ciel. Il savait bien que seules de profondes entailles dans la toiture de la plus haute maison, où il avait piqué son hameçon lors de sa pêche, témoignaient encore du court séjour de cet outil céleste sur terre. A présent, il était à nouveau suspendu là-haut, dans le ciel, afin de rappeler pour toujours aux gens cette étrange histoire. Dans les yeux malins de Maui, tournés vers le ciel, se réfléchissaient toutes les étoiles, mais c'était cet arc céleste qui s'y reflétait du plus grand éclat. Le garçon porta ses paumes à la bouche, et comme s'il voulait couvrir de sa voix le mugissement de la mer, il s'écria, dans la nuit:

«Merci, Tonganui, grâce à ton empire étoilé,
la terre des hommes vient d'être créée,
voilà ta grande œuvre est achevée à présent,
le ciel a capturé la terre dans les flots mugissants.»

Loin de toute terre, au milieu du vaste océan, se dressent des centaines et des centaines d'îles, ressemblant à l'île de Papa-tu-a-nuku. Les vaguelettes bleues de la marée haute viennent mourir sur leurs rives, et à l'endroit où les vagues se répandent dans le sable, on entend aussitôt leur murmure:

— Comment es-tu apparue ici, chère île? Étais-tu là, hier? Et demain, y seras-tu encore...?

Mais ni les îles ni les gens ne savent répondre aux vagues. Seul Maui connaît la vérité. Et puis un hameçon de pêche, qui brille parmi les astres.

Les Voyages vers les Astres

«Un pêcheur occupé à tendre des pièges aux poissons
au bout de son roseau tremblant,
Un berger appuyé sur son bâton, un laboureur sur le
manche de sa charrue,
Les ont aperçus et sont restés saisis, à la vue de ces
hommes capables de traverser les airs,
Ils les ont pris pour des dieux.»

Publius Ovidius Naso

La visite au ciel

Maitchaule était un jeune Indien de la tribu de Palawiyang. Les Palawiyang étaient sans cesse sur le pied de guerre avec leurs voisins — les Ruyalokog. Ce n'était pas d'insignifiantes escarmouches qui éclataient entre ces deux tribus; elles se détestaient à mort. Et ce fut justement après une de leurs guerres que Maitchaule put accéder aux terrains de chasse célestes.

Cette fois-là, les Ruyalokog arrivèrent en plein milieu de la nuit, quand tout le monde était endormi d'un profond sommeil. Ils mirent le feu à toutes les huttes et massacrèrent toute la tribu Palawiyang. Maitchaule seul échappa à une mort certaine, car il s'était allongé parmi les guerriers tués, simulant la mort.

Au point du jour, les Ruyalokog se retirèrent du village les bras chargés d'un énorme butin, laissant derrière eux des ruines d'où s'élevait encore la fumée, et force cadavres. Le soleil venait de se lever et dans la forêt les oiseaux se mirent à chanter comme si cette lutte nocturne et sans merci n'était qu'une illusion. Les yeux clos, Maitchaule resta longtemps allongé parmi ses frères trépassés, en se demandant ce qu'il allait devenir.

Soudain un bruissement d'ailes se fit entendre au-dessus de sa tête. Il ouvrit les yeux et aperçut un grand nombre de vautours qui s'apprêtaient à se poser à terre pour commencer leur lugubre festin. Le garçon resta couché et attendit les événements. Pas longtemps. Un vautour bien plus grand que les autres, décrivit des cercles au-dessus de lui, avant de se poser sur sa poitrine. A la vitesse d'une flèche, Maitchaule attrapa ses pattes, et après l'avoir ligoté, il se dirigea vers sa hutte qui se trouvait un peu à l'écart du village, et ainsi fut la seule épargnée par l'attaque des ennemis.

— Mes parents et mes frères sont morts, tués par les

Ruyalokog, au moins toi, tu me tiendras compagnie dans la solitude! dit l'Indien tristement à l'oiseau.

Une fois dans sa hutte, il lui délia les pattes et se mit ensuite à préparer un repas avec ce qui restait encore dans la réserve, après le pillage. Le vautour fixait sur lui ses yeux verts et on eût dit qu'il était aussi triste que Maitchaule.

— Quel dommage que tu ne sois pas une jeune fille! dit le garçon au cours de son repas, se tournant vers le vautour et lui lançant un morceau de viande. Ensemble, on pourrait vivre ici heureux et avoir beaucoup d'enfants. Et notre tribu ne s'éteindrait pas!

Tout en regardant le garçon, le vautour semblait avoir compris ses paroles. Et même lorsqu'il nettoyait ses plumes, son regard n'avait pas quitté Maitchaule.

Comme dans la hutte il ne restait plus rien à manger, Maitchaule fut obligé, dès le lendemain, de partir à la chasse. Il prit une bonne réserve de flèches, enferma soigneusement le vautour dans la hutte et se dirigea vers la forêt. Tandis qu'il marchait silencieusement sur un sentier, écartant avec beaucoup de précautions les buissons, il ne se doutait pas que dans sa hutte, il se passait des choses bien mystérieuses.

A peine s'était-il éloigné de quelques pas de la hutte que le vautour se redressa sur ses pattes puissantes et battit violemment de ses ailes. La peau emplumée du rapace tomba et à la place de l'oiseau se dressait une belle jeune fille aux cheveux sombres, et autour de son cou étincelait un collier fait d'innombrables rangs de perles. Même sa petite jupette était toute cousue de perles. La jeune fille écarta le rideau d'entrée que Maitchaule quelques instants auparavant avait si soigneusement fermé, et jeta un coup d'œil en dehors. Après s'être assurée que le garçon n'était plus dans les parages, elle prit une grande marmite et s'en alla chercher de l'eau à la rivière. Ensuite, elle ramassa quelques fagots de bois et se mit à faire la cuisine. Bientôt le fumet d'un rôti monta au-dessus du feu, les paniers regorgeaient de bananes et la grande courge creuse était remplie jusqu'au bord de la délectable boisson kaschiri.

Au retour, le garçon resta cloué au sol d'étonnement, à la vue d'un tel changement. Qui lui avait préparé ce somptueux festin? Il avait beau regarder partout, il n'y avait âme qui vive. Seul son compagnon muet, le vautour, était assis dans un coin, tout en fixant sur lui ses yeux verts.

— Dis-moi qui était là! l'invita le garçon.

Mais les oiseaux ne parlent pas. Ils ne font que hocher leurs têtes, regarder et se taire.

Jamais de sa vie Maitchaule n'avait encore goûté à une viande aussi succulente. En mangeant, il ne cessa pas de penser à ce visiteur mystérieux et dès qu'il eut jeté le dernier os, il sortit devant la hutte. Et là, une nouvelle surprise l'attendait! Une pile de bois fraîchement coupé s'entassait le long d'un mur de la hutte, et un peu plus tard, le garçon découvrit dans le sable, sur la rive de la rivière, des traces des pas.

— Mais ce ne sont pas les traces des pieds d'un homme! lisait-il dans les empreintes. Celles-ci proviennent de pieds tout petits et étroits. C'était sûrement une jeune fille qui m'a rendu tout à l'heure visite. Mais comment a-t-elle bien pu venir par ici?

Mais l'énigme resta sans explication. Très tard dans la nuit Maitchaule rêva auprès du feu de la jeune fille inconnue. Il s'imaginait qu'il avait avec elle beaucoup d'enfants, et que leurs enfants en avaient beaucoup d'autres, de sorte que sa tribu était redevenue très nombreuse et puissante. Seulement alors que la dernière braise dans le feu s'éteignait, Maitchaule s'endormit. Quand il se réveilla, le lendemain, le soleil était déjà très haut dans le ciel. Dès qu'il se fut frotté quelque peu les yeux, il resta à nouveau figé de stupeur. Sur le feu, un rôti dégageait encore un fumet délicieux, et à côté de lui reposait une galette de manioc et une courge à nouveau remplie de kaschiri. Le vautour s'était transformé, encore avant l'aube, en jeune fille, et celle-ci, doucement, sans faire le moindre bruit, avait préparé à Maitchaule son petit déjeuner. Mais à présent, le rapace se tenait tranquille dans un coin de la hutte, seuls ses yeux verts étincelaient étrangement.

On ne s'étonnera pas que le jeune Indien se mit en tête de dévoiler le secret de la jeune fille invisible. Il prit une lance et une amorce et feignit de partir à la pêche. Mais, en faisant un détour par la forêt, il retourna aussitôt tout près de sa hutte et se faufila sous des buissons. Tout en scrutant d'un œil attentif les environs, il attendait l'arrivée de la jeune fille. Mais quelle ne fut sa surprise lorsqu'il s'aperçut que quelqu'un s'apprêtait à passer par le rideau d'entrée bien lacé de sa hutte. Une jeune fille en sortit et sa chevelure était plus sombre que les braises les plus noires de son foyer. Elle portait une jarre en argile et allait chercher de l'eau à la rivière. Oh! qu'elle était belle! Son corps hâlé brillait au soleil, rehaussé encore par l'éclat de multiples rangs de perles.

Tout d'abord Maitchaule ne sut comment expliquer la présence de la jeune fille dans sa hutte. Mais quand il se fut faufilé en cachette à l'intérieur et eut trouvé par terre la peau de vautour, il comprit qu'il avait apporté dans sa maison un oiseau doué d'un pouvoir surnaturel. Pour s'assurer que la jeune fille ne reprenne plus son apparence d'oiseau, il enterra la peau en lieu sûr et puis se cacha tout près de l'entrée.

Au bout de quelques instants le doux bruit de l'herbe lui annonça l'arrivée de la jeune fille. Dès que celle-ci eut écarté le rideau cachant l'entrée, elle remarqua au premier coup d'œil que sa peau de vautour avait disparu; mais il était déjà trop tard. Maitchaule l'avait saisie fermement par les poignets et la serrait contre lui. Il la regarda dans les yeux, et sa tête se mit à tourner. Ils n'étaient pas sombres comme ceux des jeunes filles de sa tribu. Ils avaient la couleur de l'eau éclairée par le soleil.

— Œil-d'Émeraude! l'appela-t-il. Œil-d'Émeraude, désormais, tu vas rester auprès de moi et tu ne partiras plus jamais dans les terrains de chasse des oiseaux. Nous aurons ensemble beaucoup d'enfants, comme je l'ai tant rêvé. Pour toi, et pour eux, je vais chasser le gibier et pêcher les poissons dans la rivière!

Depuis ce temps-là, tous les soirs, lorsque la nuit voilait la forêt, Œil-d'Émeraude s'endormait dans les bras de Maitchaule, auprès du feu, pour s'y réveiller, tous les matins, au lever du soleil. Elle s'était si bien habituée à vivre auprès du jeune Indien qu'elle n'avait presque plus envie de retourner dans sa patrie aérienne.

Cependant, un jour, du retour de la chasse, Maitchaule trouva Œil-d'Émeraude plongée si profondément dans ses pensées qu'elle ne s'était même pas aperçue de son arrivée. Elle était allongée dans l'herbe et contemplait les nuages qui parcouraient le ciel. Ses yeux étaient remplis de larmes.

— Je dois y aller, se disait-elle à voix basse. Je dois y aller!

— Où dois-tu aller? l'interrompit Maitchaule.

— Je dois aller voir mon père pour lui annoncer que j'ai déjà choisi un mari.

— Et qui est ton père? Un vautour, comme toi?

— Il est le chef de tous les vautours. C'est le souverain des cieux et le maître du Soleil, c'est le grand Kasana-podole.

— Ne me quitte pas, Œil-d'Émeraude! supplia Maitchaule. J'ai peur que tu ne reviennes plus.

— N'aie pas crainte, je reviendrai! l'assurait Œil-d'Émeraude. Je ne pourrais plus vivre sans toi.

Et elle demanda à Maitchaule de lui rendre sa peau de vautour. Naturellement, celui-ci refusa d'abord tout net de la lui donner, mais après maintes promesses, il se résigna à la sortir de la cachette.

— Demain, avant que le soleil se couche, je serai de retour promit Œil-d'Émeraude.

Afin de dissiper complètement toutes les craintes de Maitchaule, elle coupa une longue mèche de ses cheveux, l'introduisit dans un bâton de bambou et demanda ensuite au garçon d'y insuffler la fumée de sa pipe. Là-dessus, elle boucha les deux bouts avec de la cire des abeilles.

— Voilà la preuve que je ne te mens pas, mon bien-aimé, dit-elle. Si je n'étais pas de retour avant le prochain coucher du soleil, tu peux jeter ce tuyau en bambou, enfermant mes cheveux, dans le feu. Au même instant, je mourrai, où que je me trouve.

Elle endossa la peau de vautour, battit des ailes et s'éleva dans les airs. Avant que les yeux de Maitchaule se fussent habitués à l'éblouissante clarté du soleil, Œil-d'Émeraude n'était plus qu'un petit point noir dans le ciel, et bientôt elle disparut complètement.

La journée suivante s'écoula plus rapidement que l'eau entre les cailloux de la rivière toute proche. Dans la clarté dorée du soleil couchant Maitchaule aperçut en effet trois grands vautours, l'un noir et deux blancs, qui descendaient vers la terre. Le noir, c'était sûrement Œil-d'Émeraude. Mais qui pouvaient bien être ses deux compagnons?

Il ne tarda pas de l'apprendre. A peine les vautours eurent-ils touché terre que devant lui se tenaient debout Œil-d'Émeraude et à ses côtés deux beaux jeunes gens à la chevelure ornée de plumes. Œil-d'Émeraude sauta avec joie dans les bras de Maitchaule et elle se mit immédiatement à expliquer:

— Ce sont mes frères. Ils m'ont accompagnée pour t'aider à monter dans nos terrains de chasse célestes. Nous t'apportons une peau de vautour que tu dois endosser pour le voyage.

— Pourquoi devrais-je partir avec vous?

— Mon père désire faire ta connaissance, sans cela, je ne pourrais pas t'appartenir.

— Je crains, Œil-d'Émeraude, que cette peau ne me soit d'aucune utilité. Je ne sais pas voler! Seuls les oiseaux ont ce privilège.

— Ne t'occupe pas de cela, lui dit Œil-d'Émeraude. Quand tu auras endossé la peau de vautour, plus rien ne te distinguera de nous. Ni ton apparence, ni tes capacités.

Et en effet! Le lendemain matin Maitchaule enfila la peau emplumée des vautours, introduisit ses bras dans les ailes, et aussitôt il se sentit très léger, comme s'il n'avait plus de corps. A peine eut-il bougé les bras, il s'éleva dans l'air. D'ailleurs, il n'avait plus de bras, mais une paire d'ailes. Ce n'était plus un garçon indien, mais un oiseau. Il se mit à monter vers le ciel, accompagné d'Œil-d'Émeraude et ses frères.

Le voyage fut long, très long. Par moments Maitchaule ne pouvait même plus battre des ailes. Ses compagnons lui conseillèrent d'ouvrir simplement les ailes et se laisser porter

par le vent. Ainsi, en planant, ils décrivaient quelques grands cercles, et après avoir récupéré un peu de forces, ils continuaient à s'élever toujours plus haut.

Enfin ils atteignirent l'orifice qui permettait l'accès au monde supérieur. Ils se faufilèrent par l'ouverture, se débarrassèrent de leurs peaux de vautour et dirigèrent ensuite leurs pas vers l'endroit où habitait Kasana-podole, maître des terrains de chasse célestes. Au fur et à mesure qu'ils s'approchaient de sa maison, ils rencontraient de plus en plus souvent des jeunes hommes vigoureux et de belles jeunes filles, qui, eux aussi, enlevaient des peaux à plumes pour reprendre leur aspect humain. Chemin faisant, Œil-d'Émeraude montra à Maitchaule une hutte devant laquelle se tenait assis un très grand homme au crâne rasé. Son visage était couvert de rides et il était aussi pâle que les visages des hommes blancs.

— Tu le reconnais? l'interrogea Œil-d'Émeraude. C'est la Lune.

L'homme au visage pâle les suivit des yeux jusqu'à ce qu'ils fussent hors de la portée de sa vue. Mais déjà une autre hutte, bien plus grande que la précédente, attira l'attention de Maitchaule. Devant elle se tenait debout un homme gigantesque, coiffé d'un diadème à plumes. Telles des flammes vacillantes, les plumes ondoyaient dans le vent, dégageant une telle chaleur que Maitchaule, Œil-d'Émeraude et ses frères furent obligés de faire un grand détour.

— Où vas-tu, Œil-d'Émeraude? s'écria le géant flamboyant.

— J'amène mon fiancé pour le présenter à mon père, répondit, et puis elle demanda à Maitchaule:

— Tu n'as pas reconnu cet homme? C'est pourtant le Soleil!

Kasana-podole, père d'Œil-d'Émeraude, se tenait, lui aussi, devant sa maison. Comme les autres, il avait un corps humain, mais deux têtes de vautours se dressaient sur ses épaules. Deux paires d'yeux verts se braquèrent sur les nouveaux venus. Bien que Maitchaule ignorât jusqu'alors ce qu'était la peur, un frisson d'angoisse venait de l'envahir.

— Voilà mon mari, cher père, dit sans ambages Œil-d'Émeraude, un Indien de la tribu des Palawiyang. Toute sa tribu a été massacrée par les ennemis, lui seul est sauf.

— Cela doit donc être un grand héros! dit Kasana-podole et un sourire narquois parcourut ses lèvres. Son courage va même si loin qu'il espère avoir pour femme ma fille, lui, un être mortel.

Puis il se retourna vers Maitchaule:

— On va voir si tu sortiras vainqueur de la lutte avec moi, si déjà tu as pu affronter tant de dangers. Si tu n'exécutes pas toutes les tâches que je t'imposerai, tu ne retourneras pas vivant chez toi. Vois-tu là-bas, à l'orée du bois, ce grand arbre dont la cime dépasse toutes les autres? Eh bien, ce que je veux de toi, c'est que d'ici à ce soir tu aies abattu et ébranché cet arbre et creusé dans son tronc un canoë.

Puis il donna à Maitchaule une hache si lourde que celui-ci dut employer toutes ses forces pour la soulever. Maitchaule se rendit près de l'arbre et commença une vaine besogne. Le tronc de l'arbre était si dur que les coups les plus violents de la grosse cognée n'y laissaient la moindre trace. Le soleil s'inclinait déjà vers l'horizon que Maitchaule s'écroula, à bout de forces, par terre, tandis que l'arbre se dressait au-dessus de lui intact.

— Toc, toc, toc, retentit soudain au-dessus de la tête de Maitchaule. Depuis un bout de temps, je t'observe trimer inutilement. Et maintenant, à ce que je vois, tu as perdu tout espoir! Pourquoi t'acharnes-tu à abattre cet arbre?

Le garçon porta son regard vers le feuillage de l'arbre qu'il essayait d'abattre sans succès et il aperçut un pivert. Il lui raconta tout sur Œil-d'Émeraude et sur la tâche que lui avait imposée Kasana-podole, le Père de tous les vautours.

— Rappelle-toi que parfois le bec d'un oiseau peut faire plus qu'une grosse hache, déclara le pivert. Ne te tracasse plus, je vais appeler mes compagnons et avant la tombée de la nuit, tu auras un canoë bien meilleur que celui que Kasana-podole aurait pu souhaiter avoir.

Là-dessus, le pivert frappa de son bec quelques coups répétés sur le tronc de l'arbre et bientôt de nombreuses volées de ses frères arrivèrent à tire-d'aile. Au bout de quelques instants, l'arbre s'abattit à grand fracas. Tout aussi rapidement, les piverts le dépouillèrent des branches et avant le coucher du soleil, un grand canoë gisait dans l'herbe, bien lisse et poli par les petits becs des oiseaux.

Lorsque Maitchaule amena Kasana-podole à l'endroit où reposait le canoë achevé, le Père de tous les vautours ne put dissimuler son étonnement. Puis il déclara, comme si l'accomplissement de la première tâche ne l'avait nullement surpris:

— Je constate que tu es un expert en l'art de la construction. Il y a longtemps que je souhaite avoir une nouvelle maison, car l'ancienne est devenue trop vétuste. Sur le rocher, que tu vois là-bas, tu trouveras demain matin des troncs d'arbres. Ce que je veux de toi, c'est que tu les enfonces dans le roc et bâtisses avant le coucher du soleil ma nouvelle maison. Mais si tu n'y parviens pas, gare à toi!

Le lendemain matin, Maitchaule, encore ébloui par son premier succès, grimpa joyeusement sur le roc, mais une fois arrivé à son sommet, toute sa joie se dissipa. Kasana-podole l'avait bien muni d'une bêche, mais essayez avec un outil pareil de creuser un trou dans la pierre! Ce fut en vain que Maitchaule peina avec la bêche, il n'avait même pas réussi à égratigner le roc. Quand le soleil se penchait déjà vers l'occident, et il avait perdu toute patience, il s'assit à côté de l'ouvrage entamé. Mais que se passe-t-il encore? D'une fente entre deux pierres, un ver de terre venait de sortir sa tête.

— Pourquoi te fatigues-tu à creuser ce roc?

— Kasana-podole m'a ordonné d'y construire une maison. Mais comment pourrais-je venir à bout de ce dur rocher à l'aide d'une pauvre bêche?

— Il me semble, cher garçon, sourit le ver de terre, que tu ne connais pas l'âme de la pierre. Si tu lui assènes de grands coups de bêche, tu vas être bientôt fatigué et en plus tu fâcheras le roc contre toi de sorte qu'il s'endurcira et te résistera encore plus. Comme avec beaucoup d'autres choses, même avec la pierre, il faut agir avec douceur et patience. Tu vas voir ce que nous savons faire, moi et mes compagnons.

A ces mots, de toutes les fentes se mirent à surgir les corps effilés des vers de terre et la pierre commença à se fendre et à s'émietter, pour bientôt se transformer en sable fin. Il n'était plus difficile d'y creuser des trous avec la bêche et d'y enfoncer les pieux préparés. Quand le squelette fut prêt, Maitchaule se demanda avec quoi il pourrait couvrir le toit.

— Je vais m'occuper du reste, dit soudain au-dessus de lui une voix.

Sur un pieu était perché un loriot, fameux constructeur de nids. Sans ambages, il se mit à faire, à tire-d'aile, des navettes entre la forêt et le rocher, en apportant des morceaux d'écorce et des feuilles des palmiers, puis il en couvrit le toit et avec des verges d'osier, il tressa les murs. Maitchaule le remercia chaleureusement et le loriot s'envola juste à temps, pour ne pas se faire remarquer par le grand Kasana-podole qui venait d'arriver pour juger l'œuvre du fiancé inopportun. Quand il se fut aperçu que cette fois-ci encore, Maitchaule était sorti vainqueur de l'épreuve, il siffla, rouge de colère:

— Je t'ai sous-estimé, Indien! Mais à présent je vais t'assigner une tâche qui sera sûrement au-dessus de tes forces et de ton astuce. A une demi-journée de marche d'ici, s'étend un lac dont l'eau tombe en pluie sur votre terre. Si tu ne réussis pas à vider son eau avant l'aube, ta vie ne tiendra plus qu'à un fil!

Et il passa à Maitchaule une toute petite courge pour vider l'eau et il s'esclaffa de rire à faire trembler les têtes de vautours sur son cou.

Mais Maitchaule ne rit pas. Il savait ce qui l'attendait et chemin faisant, il réfléchissait par quel moyen il pourrait, même cette fois-ci, accomplir cette tâche impossible. Son amour pour Œil-d'Émeraude, et un petit espoir que quelque bon ami lui viendrait encore en aide, lui redonnaient tout de même un peu de confiance.

Le lac était immense, s'étendant à perte de vue. Quelqu'un qui aurait aperçu Maitchaule essayer de vider le lac à l'aide d'une minuscule courge, n'aurait sûrement pas pu retenir un fou rire. Au bout de quelques heures de travail, le niveau du lac n'avait pas baissé d'un cheveu.

— Bzzz, que fais-tu là? l'interrogea une libellule, qui errait dans les roseaux sur la rive.

Maitchaule lui raconta tout sur Œil-d'Émeraude et sur la tâche que lui avait donnée Kasana-podole.

— Plusieurs vies entières ne te suffiraient pas pour vider ce lac, l'assura la libellule. Comment donc pourrais-tu y réussir en une seule nuit! Mais attends un peu, je vais appeler mes sœurs et puis nous verrons...

A son appel, des essaims de libellules bourdonnantes se rassemblèrent aussitôt sur la grève du lac. Leurs ailes transparentes se mirent à rider l'eau du lac tant et si bien que celle-ci éclaboussa les berges. L'eau diminuait rapidement, et quand arriva Œil-d'Émeraude, envoyée par son père, le lac était déjà à moitié vide.

— Dis à ton père, Œil-d'Émeraude, qu'avant demain matin la tâche sera accomplie! lui dit le garçon.

En l'apprenant, Œil-d'Émeraude sursauta de joie et se hâta aussitôt de transmettre le message à son père.

— Je ne te l'ai pas encore donnée, ma fille, siffla Kasana-podole, hors de lui de colère, lorsque le lendemain matin il aperçut à la place du lac, une mare de boue gigantesque, où d'affreux alligators montraient leurs mâchoires affilées. Il ordonna à ses serviteurs de ramasser tous les poissons et de les entasser dans des paniers. Puis il s'adressa à Maitchaule:

— Regarde cette forêt sans fin qui s'étend autour du lac! Je veux que d'ici à ce soir, tu l'aies abattue.

Sans plus tergiverser, Kasana-podole se tourna et se dirigea vers sa nouvelle maison, ayant tout de même pris soin de laisser à Maitchaule la grosse hache.

— Alors, que nous a-t-il ordonné aujourd'hui, le grand Kasana-podole? Je vois encore dans ta main la grande cognée! héla de la forêt le bon vieil ami pivert.

— Oh! ça va mal, mon petit ami. Cette fois-ci je dois abattre toute une forêt!

— Cela va déclencher une jolie bourrasque! se délecta le pivert et déjà il frappait de son bec sur un tronc pour appeler ses compagnons. Et au bout d'un instant, les premiers arbres tombaient à terre. Avec un bruit assourdissant, les piverts coupaient de leurs becs aussitôt les branches et empilaient les troncs dépouillés dans de grands tas. Quand, au soir, Kasana-podole arriva, partout, dans la plaine, se dressaient des piles de bois soigneusement rangées.

— Serais-tu vraiment invincible? siffla Kasana-podole et le sang monta dans ses têtes de vautours. Bon, maintenant on va ensemble allumer tout ce bois. Moi sur les bords, et toi au milieu.

Ne se doutant de rien, Maitchaule s'en alla au centre de la lande défrichée et y alluma un grand feu. Mais quand il voulut revenir sur ses pas, il s'aperçut qu'entre-temps Kasana-podole avait déjà allumé tout le bois autour et qu'il était à présent encerclé de tous côtés par le feu. Il ne lui était plus possible de sortir de ce cercle flamboyant.

— Hoho, tu as fait tomber sur terre la pluie de mon lac, puis en abattant la forêt, tu as déclenché un orage, et maintenant tu peux voir ce que c'est la vraie tempête céleste. Tu vas d'ailleurs y rôtir, espèce de ver de terre! ricana Kasana-podole derrière la muraille de feu.

Là-dessus, il se retourna et s'en alla.

Ce fut en vain que Maitchaule tenta maintes fois percer par le mur flamboyant. A la fin il se résigna à son sort et accepta de payer de sa vie son amour pour Œil-d'Émeraude, mais il ne le regrettait pourtant pas. Il abandonna toutes les tentatives, s'assit par terre et regarda le feu s'approcher.

— Tu ne veux tout de même pas que Kasana-podole vienne à bout de toi aussi facilement? entendit-il soudain à ses pieds; dans l'herbe, il aperçut une petite araignée. Allez, remue-toi un peu, insista l'araignée, on va dans ma maison!

Tout à coup Maitchaule s'était rendu compte qu'il venait brusquement de rapetisser, et que ses bras et ses jambes n'étaient pas plus gros qu'un cheveu. Plus tôt qu'il ne s'y était attendu, il se trouvait déjà assis dans le sombre nid de l'araignée, tandis qu'au-dessus de lui se déchaînaient les flammes, en avalant le bois et l'herbe. Il partagea le repas de l'araignée et lorsque le feu fut éteint, il grimpa au-dehors. Le charme de l'araignée cessa et il se transforma à nouveau en homme.

Au même moment, Kasana-podole s'approchait du brûlis pour s'assurer que Maitchaule était vraiment mort.

— Que m'as-tu préparé à présent, grand chef céleste? s'écria le garçon derrière son dos.

Kasana-podole s'effraya tant que ses deux becs en perdirent momentanément l'usage de la parole. Au comble de la rage, il ne faisait que siffler, et des deux becs de vautour s'échappaient des cris stridents. Lorsqu'il se fut quelque peu calmé, il s'exclama:

— Je vais te montrer qui, ici, commande le Soleil, la Lune, l'orage, les éclairs et la pluie! Tu vas me sculpter dans le plus dur roc, un trône et dans son dossier, tu sculpteras mes deux têtes. Tu vas faire tout ça à mains nues, et si mes têtes ne me ressemblent pas, je te jetterai à bas du ciel!

Dans sa rage, Kasana-podole faillit presque oublier d'indiquer à Maitchaule le rocher d'où devait provenir la pierre pour le siège. Puis il partit et Maitchaule resta à nouveau seul, sans aucun outil. D'un air hésitant, il examinait ses mains qui devraient pétrir la pierre, comme si ce n'était que de l'argile.

— Ne t'en fais pas, entendit-il à ses pieds. Il est vrai que les dieux ont un grand pouvoir, mais nous, nous sommes là pour aider les plus faibles.

Une rivière de termites se précipitait vers Maitchaule étonné. Des milliers et des milliers de termites n'attendaient que son ordre.

— Nos mandibules peuvent broyer même la pierre. Où veux-tu qu'on commence? criaient-ils tous plus fort les uns que les autres.

Maitchaule leur montra le rocher et le flot de termites se dirigea aussitôt dans la direction indiquée. Avant que Maitchaule eût atteint le pied du rocher, une grosse pierre était déjà en train de dévaler sa pente. Et déjà le fleuve de termites redescendit au fond de la vallée et enveloppa la pierre tant et si bien que celle-ci ne fut plus qu'une motte de minuscules corps vivants. Partout cela se mit à grignoter, ronger, gratter, tapoter et claquer. Çà et là, un cri ou un ordre retentissait:

«Plus large ici! — Plus mince par-là! — Ici plus haut! — Par-là plus bas!»

Tandis que les termites travaillaient, Maitchaule fit une promenade dans la vallée et quand il fut de retour, le siège s'y dressait déjà dans toute sa beauté. D'un blanc éblouissant, il reposait sur quatre pattes de vautour et les têtes sculptées dans le dossier ressemblaient comme deux gouttes d'eau à celles de Kasana-podole.

— Ne crois pas, petit frère, que c'est un siège ordinaire! criaient les termites. Celui-ci va t'obéir. Tu diras: Siège, va là et là! et il y ira. Tu ordonneras: Siège, arrête-toi! et il s'arrêtera aussitôt. Et comme tu es à moitié son créateur, il n'obéira qu'à tes ordres.

— Oh! si vous saviez, mes petits frères, à quel point cela me convient! se réjouit Maitchaule. Si seulement les guêpes pouvaient m'aider comme vous!

— Bzzz, nous n'attendons que tes ordres! s'écrièrent les guêpes et elles décrivirent des cercles au-dessus du siège.

— Merci, petites sœurs, pour votre gentillesse! Construisez votre guêpier dans les pieds du siège et dès que celui-ci bougera, piquez sans merci quiconque y sera assis!

— Ce n'est pas la peine de nous remercier, Maitchaule, nous le ferons avec plaisir. Piquer, c'est notre jeu préféré!

— Voilà, tu peux venir, à présent! rit Maitchaule.

Le soir, le Père de tous les vautours accourut à la vitesse du vent. Quand il vit que même cette fois-ci l'homme mortel avait accompli la tâche mieux qu'il ne l'aurait fait lui-même, il s'effondra désespérément dans le siège. C'était justement ce que Maitchaule attendait. «Siège, va!» ordonna-t-il, et le siège se mit à courir si légèrement qu'il ne semblait pas fait de la plus dure pierre, mais de pattes d'araignée. De sous le siège, essaimèrent les guêpes qui fondirent sur Kasana-podole. Celui-ci, oubliant tout à fait sa dignité, criait à tue-tête:

— Arrête ce siège, Maitchaule, je te l'ordonne! Arrête-le! Ordonne à ces guêpes de cesser de me tourmenter de leurs dars!

— C'est pour ta bourrasque, Kasana-podole! lui répondit en criant Maitchaule. C'est parce que tu as voulu te débarrasser de moi. Tu sauras désormais combien ils sont sages et courageux, les hommes de la tribu de Palawiyang.

Puis il tourna le dos à Kasana-podole et s'en fut, comme il l'avait vu faire maintes fois Kasana-podole. Il alla chercher Œil-d'Émeraude et sans tarder, ils endossèrent leurs peaux de vautours. Maitchaule aurait bien aimé emporter avec lui, sur terre, un trophée, mais il avait beau regarder tout autour, il n'y trouva rien du tout, à l'exception d'un panier rempli de grains inconnus. Il prit donc quelques grains dans son bec, regagna avec Œil-d'Émeraude l'orifice céleste, et après s'être faufilés par le trou, ils descendirent à terre.

Depuis ce temps-là, Maitchaule et Œil-d'Émeraude vécurent tranquillement, et plus personne ne vint perturber leur bonheur par des tâches et devoirs insensés. Dans tout ce bonheur, ils oublièrent même comment voler. Ils eurent beaucoup d'enfants, leurs enfants en eurent beaucoup d'autres à leur tour, de sorte que la tribu de Palawiyang ne s'éteignit pas.

Et comme naissaient les enfants, se multipliaient ces grains inconnus que Maitchaule avait pris dans le panier là-haut dans le ciel. C'était du maïs. Et la première galette qu'Œil-d'Émeraude avait cuite à Maitchaule après la première récolte, fut la première galette de maïs du monde.

Les fiancées des deux astres

Un chef avait trois filles d'une beauté éclatante. Les deux premières avaient déjà atteint l'âge de se marier, mais aucun homme de leur tribu n'était à leur goût. Et elles étaient si belles que nul villageois n'aurait osé les demander en mariage. Les deux jeunes filles avaient de grandes prétentions, bien irréelles, sur leurs futurs maris, et elles préféraient donc vivre à l'écart des autres jeunes filles de la tribu et même de leur sœur cadette. Toujours plongées dans leurs rêves, elles se souciaient bien peu de ce qui se passait autour d'elles.

Or, chaque année, au début de l'été, le chef et ses filles, accompagnés de tout le village, se rendaient au bord d'un grand fleuve, à un endroit particulièrement propice pour la pêche aux saumons. Le fruit de cette pêche constituait la réserve de viande des villageois pour la longue saison d'hiver.

Et tout arriva justement dans ce nouveau campement d'été.

Un soir, alors que tout le village venait de s'installer dans ce nouveau campement d'été, les deux filles aînées du chef sortirent se promener dans la forêt. A la lisière du bois, elles s'allongèrent sous les arbres, plièrent les bras sous la tête et se mirent à contempler le ciel étoilé.

— Vois-tu ce grand astre, brillant d'un blanc extraordinaire? demanda l'aînée. Celui-là serait un mari digne de moi!

— Et moi, soupira aussitôt la puînée, moi, je voudrais pour époux cet énorme astre rouge, qui ne reste pas figé parmi les autres étoiles, mais qui traverse lentement le ciel. Tu le vois?

Ainsi les deux jeunes filles imaginaient leur amour pour ces deux étoiles, que nous appelons aujourd'hui Jupiter et Mars.

Mais tout à coup, leurs paupières se firent lourdes, et avant qu'elles n'aient pu se relever et rentrer chez leur père, elles s'étaient endormies d'un sommeil profond.

Et lorsqu'elles se réveillèrent, ni l'une ni l'autre ne savait combien de temps avait duré leur sommeil. Cependant, une chose était sûre: elles ne se trouvaient plus au même endroit où elles s'étaient endormies. La nature alentour ne leur semblait guère familière, elle ne ressemblait en rien à celle des pays qu'elles avaient visités avec leur tribu lors de leurs expéditions de chasse. Et quand surgirent devant elles deux jeunes hommes, l'un blanc et l'autre rouge, elles comprirent qu'elles étaient à présent dans le monde où ne vivent pas les hommes, mais les étoiles. Et ces deux-là étaient alors leurs fiancés tant désirés! Ils avaient monté les deux sœurs endormies dans les hauteurs célestes. Mais comme les deux jeunes gens étaient vigoureux et beaux comme le jour, les jeunes filles ne s'attristèrent pas à l'idée d'avoir perdu leur foyer. Leur rêve s'était enfin réalisé, elles étaient devenues les fiancées de deux astres!

Autres cieux, autres mœurs. Les jeunes filles avaient à peine passé une journée dans le ciel, que déjà leurs époux-astres leur ordonnèrent d'aller ramasser l'oignon. Oh, rien à dire, les sœurs étaient habituées à travailler! Mais lorsque leurs maris les munirent de couteaux en leur donnant l'ordre formel de laisser les bulbes en terre et de ne couper que les tiges, elles eurent beaucoup de mal à l'admettre. L'idée leur parut pour le moins bizarre, mais elles n'osaient pas s'opposer à leurs maris.

Ainsi, depuis pas mal de temps, les sœurs passaient leurs journées à couper l'oignon. Quand un jour, l'aînée ne put se retenir et elle dit:

— Je ne me rappelle presque plus le goût d'un bon et véritable oignon. Que mon mari continue à se régaler avec les tiges! Quant à moi, je vais maintenant en croquer un bon gros comme c'est l'usage dans notre pays!

Et elle saisit les feuilles, calant fermement ses pieds sur le sol, de toutes ses forces, elle tira d'un coup. Mais ce n'était point un oignon ordinaire qu'elle venait d'arracher du sol. Celui-ci était plus gros qu'une tête d'homme. Mais ce n'était pas tout encore! Au-dessous de l'oignon bâillait un grand trou à travers lequel on pouvait distinguer la Terre. Tout là-bas, les sœurs reconnurent leur fleuve familier, qui se jetait dans la mer, elles virent miroiter le lac dans lequel elles aimaient tant se baigner. Alors le mal du pays natal s'empara de leurs cœurs, la nostalgie de leur maison et de leurs compagnes et même de tous ces garçons qu'elles avaient auparavant dédaignés, gonflées d'orgueil par leur beauté.

Dès que les jeunes filles eurent aperçu leur pays natal, plus aucune force ne put les retenir dans le ciel. Pour leurs maris, elles feignirent de continuer à ramasser l'oignon, mais en réalité, les jeunes filles passaient tout leur temps au champ à tresser en cachette une corde de longues herbes, qui permettrait leur retour sur terre. Un jour, ayant jugé la corde suffisamment longue, la sœur aînée déclara:

— Je vais descendre la première, pendant ce temps, toi, tu resteras ici, et veilleras à ce que personne ne puisse perturber notre fuite. Quand je serai en bas, je tirerai sur la corde, pour te faire signe de descendre à ton tour. Mais si mon signe ne vient pas, cela voudra dire sûrement que je suis tombée à la mer. Dans ce cas-là, cela ne sera plus la peine que tu tentes l'évasion.

La sœur aînée saisit la corde à deux mains et se laissa glisser en bas. Quelle chance que juste au-dessous du trou se dressait la montagne N'ga K un! Sans elle, la corde, qui était bien trop courte, n'aurait jamais pu atteindre le sol et la jeune fille serait restée suspendue entre le ciel et la terre. Mais grâce à la montagne, ses pieds purent heureusement toucher la terre de son sommet, et elle put donc faire le signe convenu avec sa sœur cadette. Elle bondit sur ses jambes, en faisant balancer la corde sur une colline voisine, et puis, de la même manière, elle retourna sur le faîte de N'ga K un.

Malgré cela, l'autre extrémité de la corde avait à peine tressailli, et ce fut tout juste si la sœur puînée sentit un léger tressaillement.

Mais elle en avait tout de même déduit qu'aucun danger ne la guettait à l'autre bout. Elle s'empressa donc d'attacher l'extrémité de la corde au tronc d'arbre, se faufila ensuite à travers l'ouverture, et bientôt, elle aussi, avait atterri saine et sauve sur le sommet de la montagne N'ga K un. D'ailleurs, il était grand temps. Les deux époux-astres s'étaient lancés à la recherche de leurs femmes, et ils venaient de découvrir la corde nouée à un arbre. Fous de rage, ils se précipitèrent pour la couper.

— Votre fuite est vaine, crièrent-ils du ciel aux jeunes filles, cela ne vous sauvera plus! Vos cœurs sont déjà marqués par un tatouage céleste et jamais plus vous ne pourrez faire partie d'une tribu d'hommes. A jamais vous resterez liées à nous par un lien bien plus solide que cette pauvre corde avec laquelle vous êtes échappées.

Le chemin qui menait au campement longeait le lac dans lequel les sœurs aimaient se baigner avant leur séjour dans le ciel. A la vue de l'eau frémissante, elles furent aussitôt saisies de l'envie de se rafraîchir dans le lac avant de poursuivre leur route. Mais à peine avaient-elles ridé de leurs pieds le miroir de l'eau qu'une force mystérieuse s'empara d'elles et les empêcha de regagner la berge. Sur la lisse surface du lac, à l'endroit même où les deux jeunes filles avaient disparu, se mirent à scintiller deux feux follets, l'un rouge, et l'autre blanc.

Entre-temps, les gens du campement avaient depuis longtemps oublié les deux jeunes filles, tant fut longue leur absence. Même leur propre mère avait abandonné tout espoir de revoir ses filles un jour. Le chagrin de la perte de ses deux enfants avait blanchi ses cheveux comme neige, et des ruisseaux de larmes avaient creusé dans ses joues des rides profondes. Sa troisième fillette était son unique consolation. D'ailleurs, celle-ci avait entre-temps grandi, et elle était devenue une jeune fille si gracieuse que tous les garçons de la tribu se retournaient, pleins d'admiration, à son passage.

Elle était très jolie en dépit de ses cheveux courts, coupés en signe de deuil à la disparition de ses sœurs.

Un soir, cette troisième fille du chef s'en alla chercher de l'eau au bord du lac. A peine s'était-elle penchée sur la surface de l'eau que ses sœurs tendirent les bras vers elle. Elles caressèrent ses cheveux courts, et aussitôt, ils poussèrent jusqu'aux épaules. De surcroît, ses cheveux brillèrent alors d'un tel éclat qu'aucune jeune fille de la tribu ne pourrait se vanter de cheveux aussi lustrés.

— Cesse de te tourmenter, petite sœur, nous voilà de retour! entendit la jeune fille.

Surprise d'avoir entendu des voix familières, elle jeta un coup d'œil sur le lac et y aperçut ses deux sœurs aînées. Elles ressemblaient aux étoiles. L'une brillait d'un beau blanc lumineux, l'autre d'un beau rouge.

La jeune fille se hâta de retourner au camp, et déjà de loin, elle héla:

— Mes sœurs sont de retour! Elles sont dans le lac et elles ressemblent, à s'y méprendre, aux étoiles!

— Tu divagues, chère fillette! lui dirent les gens. Il y a belle lurette que tes sœurs ont disparu. Elles se sont sûrement noyées, en se baignant dans le lac.

La petite sœur ne put se résoudre à les croire. «Ne serait-ce vraiment qu'une illusion?» se demanda-t-elle. Sans plus attendre, elle revint sur ses pas, et une fois arrivée au bord du lac, elle se mit à scruter l'eau. Ses sœurs étaient toujours là. A nouveau, elles lui caressèrent les cheveux qui poussèrent aussitôt jusqu'à la taille.

— Pourtant, mes sœurs sont bel et bien de retour! cria-t-elle lorsqu'elle fut retournée au camp. Elles sont dans le lac et elles ressemblent aux étoiles à s'y méprendre!

Les gens ne firent que hocher la tête et se mirent à plaindre la malheureuse jeune fille, qui apparemment venait de perdre la raison. Mais la fillette ne fit pas cas de leurs dires et courut raconter à sa mère ce qui lui était arrivé au bord du lac. Cependant, incrédule, sa mère hocha la tête même quand sa fille lui montrait les cheveux lui tombant jusqu'à la taille.

— Demain, on verra, quand j'irai encore chercher de l'eau! pensa-t-elle.

Le lendemain, dès qu'elle fut de retour du lac et avant même de déposer le seau d'eau, elle racontait déjà à sa mère:

— Mes sœurettes se trouvent vraiment dans le lac et elles ont un pouvoir magique. Regardez seulement jusqu'où tombent aujourd'hui mes cheveux! Encore hier, pourtant, ils allaient jusqu'à la taille et maintenant, ils atteignent les talons.

Cela était vraiment bien intriguant. La mère appela le père de la fillette, chef du village, et celui-ci convoqua toute la tribu, et la nuit-même, tous se rendirent au bord du lac. Et là, de leurs propres yeux, tous aperçurent les deux jeunes filles prétendument disparues. Elles ressemblaient à s'y méprendre aux deux astres, blanc et rouge, qui brillaient au-dessus du lac. Silencieusement, les sœurs enchantées tendirent leurs bras vers leur mère et à l'instant même, ses cheveux blancs redevinrent noirs, ils s'allongèrent jusqu'à la taille et les rides disparurent aussitôt de son visage.

Bientôt la pêche aux saumons prit fin et toute la tribu regagna son ancien village. Seules les deux sœurs restèrent dans le lac, liées par une force mystérieuse à leurs époux célestes. Et chaque année, quand la tribu revient dans la région pour y pêcher, les premiers pas de la sœur cadette la mènent au lac. Là, elle converse longuement avec ses sœurs, se réjouit en leur compagnie. Elles la récompensent de sa gentillesse en lui rendant sa jeunesse. Et ainsi, la jeune fille ne connaîtra jamais les rides et les cheveux saupoudrés d'argent.

Pourtant, ses sœurs ne lui dévoileront jamais leur grand secret: leur voyage dans le ciel où habitent les étoiles et où l'on cueille l'oignon sans bulbe. Le lac gardera à jamais dans ses flots les deux jeunes filles et leur secret. Seul un garçon courageux, observant scrupuleusement toutes les lois de la tribu, et ignorant ce qu'est l'amour, pourrait découvrir sur le sommet de la montagne N'ga K un, la corde que les époux astraux précipitèrent du haut du ciel après leurs fiancées.

Wabi et le panier volant

Wabi surnommé Faucon Blanc, vivait au pays des cinq lacs. Ces lacs étaient si immenses qu'ils ressemblaient à des mers. Pour tout dire, Wabi ne les connaissait pas vraiment car il n'avait jamais réussi à en faire le tour. Il n'en connaissait bien qu'un seul — celui dans lequel se jettait la rivière de l'Aigle car c'était justement au bord de cette rivière que se dressait son wigwam, entouré de forêts profondes. Wabi allait souvent à la chasse dans ces bois immenses et il lui arrivait parfois de déboucher après quelques journées de marche dans la vaste prairie où ondoyaient de hautes herbes et où des milliers et milliers de fleurs rivalisaient de couleurs et de parfums. L'odeur que la terre y exhalait était si suave et enivrante que le garçon n'avait jamais envie de prendre le chemin de retour.

Un jour, chassant avec beaucoup d'acharnement dans la prairie, il ne vit pas le temps passer et lorsqu'il songea enfin à rentrer, il était trop tard. De quoi a besoin un Indien pour dormir? Du sol sur lequel il s'allonge pour dormir et du vaste ciel au-dessus de sa tête pour pouvoir lire dans les astres avant que le doux sommeil ne lui rende visite! Donc le plus simplement du monde Wabi se coucha dans l'herbe et après avoir posé à portée de sa main son arc et ses flèches, pour se défendre contre les bêtes féroces rôdant la nuit dans la prairie, il fixa de ses yeux le sombre ciel, plus profond encore que son lac.

Il lui suffisait de cligner un peu les yeux et déjà il croyait chasser dans les hauteurs lointaines où nul Indien n'avait encore jamais mis le pied. Écarquillant les yeux, la lune immortelle y dévisageait Wabi, et peut-être même que le grand Nanabogeo, son petit-fils, celui même qui donna à la terre tous les animaux, y vivait quelque part. Si déjà le grand Nanabogeo avait laissé les animaux parcourir les prairies étendues, pourquoi il n'en garderait pas quelques-uns pour le monde des astres?

Wabi continua à promener son regard dans cette mer de pâles étincelles, figées toujours au même endroit, jusqu'à ce que ses yeux fussent arrêtés par un petit groupe de sept astres lumineux. Ils se serraient là, l'un contre l'autre, comme effrayés. Plus il continuait à observer ces sept petites étoiles, et plus il oubliait l'existence des autres. Par moments, il lui semblait même entendre un doux chant lointain, qui provenait justement de cet endroit-là.

Sans s'en apercevoir, Wabi, le Faucon Blanc, s'était endormi et ne se réveilla que le lendemain, alors que le soleil brûlant était déjà à son zénith et que sur le ciel il n'y avait plus trace des étoiles. Il ramassa donc son arc et les flèches et reprit le chemin du retour. Il n'avait fait que quelques pas lorsqu'il tomba sur les traces de pieds humains. Wabi n'était pas seulement un chasseur réputé, c'était aussi un excellent pisteur. Dans les traces il lut tout de suite que peu de temps auparavant plusieurs jeunes filles étaient passées par là. Leurs pieds étaient si petits et si étroits qu'ils ne ressemblaient point aux traces des pieds de jeunes filles qu'il avait rencontrées jusqu'alors.

Plus il suivait ces traces mystérieuses, plus il devenait prudent. De loin, il aperçut soudain un grand cercle d'herbe foulée, comme si un fardeau bien lourd y avait reposé quelques instants auparavant. D'ailleurs, les traces de pas des jeunes filles y menaient et disparaissaient dans ce cercle étrange sans en sortir.

Wabi s'arrêta auprès du cercle mystérieux et son front s'assombrit et des rides apparurent sur son front. «Seules des traces d'oiseaux peuvent s'arrêter quelque part, puisqu'ils peuvent s'envoler», se répétait à voix basse le garçon. «Et ma foi! je ne connais aucune fille aussi belle soit-elle qui puisse se vanter d'avoir des ailes — et ici, d'après ce que je vois, elles sont plusieurs à avoir quitté le sol.»

Longuement le garçon se pencha sur le cercle, en l'examinant attentivement, mais il ne trouva aucune explication plausible de l'étrange phénomène.

Tout simplement, il se dissimula dans les buissons voisins et attendit l'explication du mystère. Il n'attendit pas longtemps. Haut, très haut au-dessus de lui, un doux chant se fit soudain entendre, pareil à celui que la nuit précédente, le petit groupe des sept astres propageait et émettait dans sa direction. Les voix des jeunes filles se confondaient dans ce chant et se démêlaient aussitôt, tantôt une voix basse, tantôt une aiguë, une voix disparaissait pour céder la place à une voix naissante. C'était un chant si doux et si mélodieux que même la plus belle musique des sorciers de sa tribu ne saurait rivaliser avec lui. Et ces voix devenaient de plus en plus fortes, descendant du haut du ciel vers la terre. De sa cachette Wabi aperçut un gros panier qui allait se poser dans l'herbe, et dans ce panier il distingua sept jeunes filles aux cheveux déliés et aux grands et beaux yeux. Le panier allait atterrir à l'endroit même où se dessinerait dans l'herbe le grand cercle et dès qu'il se fut posé, les jeunes filles cessèrent de chanter, sautèrent dehors et se mirent à danser. Ensuite elles sortirent du panier un ballon de feu et se mirent à jouer avec lui, en le lançant dans l'air. Chaque fois que la main d'une jeune fille touchait le ballon, un roulement se faisait entendre, comme si l'on battait du tambour.

Le ballon virevoltait dans l'air et avec lui dansaient sous les yeux clignotants de Wabi, les visages des jeunes filles, leurs bras et leurs jambes gracieux, leurs sombres chevelures. Toutes se ressemblaient comme deux gouttes d'eau et il n'était pas difficile de deviner qu'elles étaient sœurs. Wabi se creusait depuis un long moment la tête, pour décider laquelle parmi elles était la plus belle, mais il fut obligé d'y renoncer, car c'était aussi difficile que de choisir le plus beau coquillage du lac.

Peut-être à cause d'un aimable sourire ou d'une étincelle dans l'œil, finalement Wabi jeta son dévolu sur la plus jeune des sœurs. Aussi naïf qu'il était, il croyait attraper la jeune fille aussi facilement qu'un élan. Il bondit hors de sa cachette et se précipita sur la jeune fille. Mais les sœurs étaient plus rapides. A la vitesse de l'éclair, elles jetèrent d'abord le ballon de feu dans le panier, puis elles y grimpèrent agilement. Aussitôt leur chant mélodieux retentit dans l'air et déjà le panier quittait précipitamment la terre. Wabi tendait en vain ses bras vers le panier s'élevant dans les airs, ce fut en vain qu'il bondissait et courait en tous sens dans l'herbe. Les jeunes filles penchées par-dessus le bord de la nacelle l'observaient d'un œil amusé, mais bientôt le panier avec son curieux chargement disparut dans le bleu du ciel.

Ce fut ainsi que Wabi ne retourna pas non plus la nuit suivante au bord de la rivière de l'Aigle. Il resta dans la prairie mais il ne songea même pas à la chasse. L'image du panier volant avec les beautés célestes ne sortait pas de son idée. Mais par-dessus tout, il rêvait à celle qui était la plus jeune. Mais Wabi n'était pas seulement chasseur et limier, il connaissait aussi parfaitement les pouvoirs stupéfiants de certaines plantes et il s'y entendait aussi dans les tours de magie. Afin de duper les jeunes filles il prit l'apparence d'une sarigue et se dissimula dans la haute herbe près du cercle où les jeunes filles avaient l'habitude d'atterrir. Mais il passa le reste de la journée en vaine attente. Les yeux fixés sur le ciel où le petit groupe lumineux des sept sœurs continuait à jouer avec le ballon de feu, il continua à attendre une bonne partie de la nuit, avant de s'endormir.

Le lendemain matin il fut réveillé par le chant bien connu de lui, tandis que le panier où se trouvaient les sœurs célestes s'approchait à grande vitesse de la terre pour se poser bientôt dans le cercle. Les jeunes filles sautèrent du panier, et comme le jour précédent, elles se mirent à danser et à jouer avec le ballon de feu. Sous son apparence de sarigue, Wabi fondit sur la plus jeune sœur, mais les jeunes filles vigilantes, ayant entendu le bruissement de l'herbe, disparurent avec la rapidité d'une flèche dans le panier. Et déjà, elles s'élevaient dans les airs au-dessus de la tête de Wabi, et au fur et à mesure qu'elles montaient, s'éloignait leur chant, faisant avancer leur panier volant.

«Pourtant, je finirai bien par l'attraper, ma belle», s'entêta Wabi, le Faucon Blanc, plein d'obstination. Il n'était pas seulement chasseur et limier avisés et sorcier excellent, il était aussi rapace comme l'oiseau dont il portait le nom: il savait guetter sa proie et attendre patiemment son moment. Alors qu'il rôdait autour du cercle, il trouva un tronc d'arbre pourri qui servait de refuge à une armée de souris. Pendant un moment, il observa cette gent trotte-menu et soudain un large sourire illumina son visage.

— Vous allez m'aider, petites sœurs! dit-il. Je vais me dissimuler parmi vous, et en plus, vous m'aiderez à détourner l'attention des sœurs de ma belle, pour que je puisse l'attraper.

Wabi traîna la demeure des souris jusqu'au bord du cercle et le lendemain il se changea en souris, en une minuscule petite souris qui ne se distinguait en rien des autres. Peu de temps après, le chant mélodieux retentit à nouveau dans les airs et le panier avec les sœurs célestes à son bord toucha terre.

— Avez-vous remarqué cet arbre pourri? fit observer la plus jeune, hier soir il n'y était pas. C'était d'abord un homme qui nous a attaqué ici, puis cet étrange animal à longue queue! je crains que cela ne soit encore un piège qu'on nous a tendu.

Mais les sœurs ne prêtèrent aucune attention à son avertissement et elles oublièrent même leur jeu avec le ballon de feu. Un nouveau jeu, jusqu'alors inconnu, leur était proposé. Elles abandonnèrent leur petite sœur à ses craintes et se mirent à battre le tronc d'arbre, se jetant ensuite à la poursuite des souris effarouchées. Toutes prises par leur nouveau jeu, elles ne s'étaient pas aperçues que l'une des souris n'était nullement effrayée par cette futile agitation. Aux aguets, comme un faucon, elle attendait dans le creux du tronc et puis elle se mit à trottiner dans la direction de la plus jeune sœur. Lorsque les jeunes filles se furent lassées de poursuivre les souris, il était trop tard. Wabi qui avait entre-temps repris son apparence de garçon indien, tenait fermement sa belle tant désirée par les mains, l'empêchant de s'approcher du panier. Les autres jeunes filles regagnèrent d'autant plus vite le panier et par la puissance magique de leur chant, le firent s'élever dans les airs...

Depuis lors, cet étrange vaisseau volant ne vint plus jamais se poser dans le cercle de l'herbe foulée au milieu de la prairie. D'ailleurs Wabi, lui, ne pouvait même plus le vérifier. Il amena la jeune fille céleste en son wigwam, où il lui prépara avec des fourrures une couche moelleuse et jamais plus il ne s'aventura pendant qu'il chassait suffisamment loin pour apercevoir — ne fût-ce que sa lisière — la grande prairie. Il était constamment aux petits soins pour sa jeune femme et tant qu'il le pouvait, il s'évertuait à lui faire oublier la nostalgie de son pays céleste. Il lui parlait du doux murmure de la forêt, de l'amour des vagues dans les lacs, il lui cousit une robe en peau de daim et confectionna une paire de mocassins qu'il décora ensuite avec des piques de porc-épic. Au début, la jeune fille se montra récalcitrante, refusant tous ses soins, mais lorsqu'elle s'aperçut que l'amitié de Wabi était sincère et à quel point il était patient, peu à peu elle s'attacha à lui et finit par l'aimer d'amour. L'été avait passé, puis l'hiver, et quand sur les rives de la rivière de l'Aigle s'épanouirent les premières fleurs du printemps, les pleurs d'un enfant se firent entendre dans le wigwam.

La jeune fille céleste aimait de tout son cœur le petit garçon qui lui était né d'un habitant terrestre. D'ailleurs, le gamin faisait déjà ses premiers petits pas dans l'herbe, s'amusait à cueillir les fleurs, en les mettant dans sa bouche. Pourtant, la nuit, quand Wabi était plongé dans un profond sommeil, la jeune fille sortait souvent du wigwam, et, fixant ses yeux sur le ciel, elle écoutait le chant lointain. Par la pensée, elle rejoignait le petit groupe des étoiles, elle se rappelait ses sœurs, en se demandant dans quelle direction elles s'envolaient le lendemain matin et où elles pourraient bien atterrir. Le chant lointain l'attirait mais jamais elle n'y avait associé sa voix, car devenue habitante de la terre, elle avait presque oublié de chanter. Mais on eût dit que son cœur était coupé en deux. Une moitié reposait sur la couche de fourrures d'ours, à côté de Wabi, l'autre se serrait contre le grand ballon de feu et flottait avec lui dans l'air limpide, très haut au-dessus de la terre.

Ainsi, le regard plein d'amour de la jeune fille se posait encore sur Wabi, mais son âme lui faisait déjà ses adieux. Maintenant dès que Wabi partait à la chasse, la jeune fille disparaissait aussitôt dans la forêt, pour y tresser, en cachette, un grand panier. Et un jour, quand son ouvrage fut terminé, elle arracha de la terre un grand nombre de plantes avec les racines, pour pouvoir les replanter dans le ciel, elle prit son fils par la main, et avec le panier dans les bras, elle s'en fut dans la grande prairie, vers le cercle magique, où elle atterrissait jadis avec ses sœurs. Elle installa l'enfant à l'intérieur du panier, puis y monta à son tour et déjà sa voix retentit dans la prairie.

Errant avec son arc à proximité de la prairie, Wabi entendit sa chanson, mais il ne pouvait plus intervenir. Le panier volait déjà très haut dans le ciel, emportant avec la jeune fille céleste et l'enfant adoré, les raisons de vivre de Wabi.

Des années s'écoulèrent ainsi... Devant son wigwam abandonné Wabi avait versé des torrents de larmes. De la rive de la rivière de l'Aigle serpentait à travers la profonde forêt un sentier visible de loin qui débouchait dans la prairie, près du cercle magique. C'est Wabi qui l'avait foulé pendant ses innombrables traversées de la forêt, à la recherche de sa bien-aimée. Mais il en revenait toujours bredouille. A l'endroit où se trouvait jadis le cercle, poussait maintenant de l'herbe nouvelle qui lui donnait l'impression que tout n'avait été qu'un beau rêve, que jamais il n'y avait eu sept sœurs célestes et que le panier volant et le ballon de feu n'étaient qu'une illusion.

Cependant, dans les hauteurs nuageuses, quelqu'un pensait souvent à Wabi: son fils.

— Qu'est-ce qu'elle est devenue la rivière de l'Aigle! disait-il à sa mère, laquelle avait repris les expéditions en compagnie de ses sœurs, dans les pays lointains. Souvent le petit garçon rendait visite au grand Nanabogeo. En se serrant contre ses genoux, il lui parlait des couchers du soleil au-dessus du lac, des hululements des chouettes, de l'odeur de la fumée. Le grand Nanabogeo comprenait la nostalgie du petit garçon; qui d'autre, à part lui, pourrait donc connaître mieux la beauté de la Terre? L'amour du garçon pour son père terrestre toucha tellement son cœur qu'il finit par permettre au garçon de l'accompagner pendant son voyage sur terre, et invita même sa mère à se joindre à eux. Ainsi, un beau matin, tous les deux se retrouvèrent à nouveau à bord du panier volant et après quelques instants de vol, ils se posèrent juste devant le wigwam de Wabi.

Le Faucon Blanc rêvait depuis trop longtemps de sa femme et de son fils, pour admettre que c'était vraiment eux qui venaient de surgir devant son wigwam. Seulement, quand il put les toucher, les serrer dans ses bras, il comprit que ce n'était pas une illusion et du coup, il rajeunit de quelques années. Tout de suite le ciel ne lui parut plus aussi cruel et il fut même saisi d'envie de s'y rendre.

— Il y a quelqu'un là-haut qui te verra arriver d'un bon

œil; c'est celui-là même qui m'a envoyé te chercher, dit la jeune fille sur un ton mystérieux. Il conviendrait cependant que tu lui apportes de la terre un cadeau.

Ce n'est pas tous les jours qu'un Indien se rend au ciel. Wabi consacra de longues journées aux préparatifs de son voyage. Pendant des journées entières, il tendait des collets et des pièges dans la prairie, jusqu'à ce qu'il eût rassemblé un animal de toutes les espèces de bêtes terrestres, ayant des pattes, des griffes ou des ailes. Le panier magique les emporta ensuite tous les trois — avec leur inhabituel chargement vivant vers le ciel étoilé.

O grand Nanabogeo, c'était toi qui accueillis Wabi dans le ciel, c'était bien toi qui fumas avec Wabi, surpris, le calumet de bienvenue! Ainsi Wabi vit s'accomplir son grand désir, dont il rêvait jadis, allongé dans l'herbe parfumée de la grande prairie, les yeux mi-clos: il avait réussi à visiter l'empire des astres, et toi, ô grand, tu te trouvais à ses côtés. Mais avoue, Nanabogeo, que ta gorge se serra d'émotion lorsque le chasseur terrestre se mit à sortir du panier les animaux qui étaient sortis, il y a si longtemps, de tes mains, et lorsque ta paume put à nouveau caresser le dos d'un cerf et ta joue put s'enfouir dans la chaude fourrure d'un ours...

Une grande liesse éclata aussitôt dans le ciel, et un nombre incalculable d'invités se rassemblèrent à un magnifique festin. Tous se répandirent dans l'immense prairie céleste, et ne firent que manger, boire et chanter. Leur chant était presque aussi beau que celui des sœurs célestes dans leur panier volant.

Lorsque le festin fut à son apogée et que tous les hôtes se livraient à une danse turbulente, Nanabogeo, le petit-fils de la Lune se dressa et leva son bras droit. Tous se turent aussitôt, et à travers la coupole céleste on n'entendit plus que sa voix tonnante:

— Wabi, le chasseur terrestre, nous a apporté quelque chose avec quoi, il y a une éternité, j'avais égayé la toute jeune terre. Regardez donc: aigle et faucon, puma et lynx, loup et renard! Il nous a apporté les animaux de sa patrie des lacs. Que chacun de vous choisisse un animal en souvenir de la fraternisation du ciel avec la terre!

Tous se prècipitèrent vers le panier et chacun choisit l'oiseau ou la bête qui lui plaisait le plus. Les tambours se mirent à rouler, et une danse violente commença pendant laquelle tous ceux qui avaient choisi les ailes, devinrent oiseaux, et les autres qui avaient préféré les griffes, se transformèrent en bêtes féroces; chacun prit l'apparence de l'animal de son choix.

Ensuite, tous ces hôtes transformés s'envolèrent ou se mirent à courir à travers tout le ciel, de sorte que jusqu'à nos jours le ciel des Indiens abonde de tous les animaux terrestres. Quand tombe la nuit, n'importe quel Indien vous montrerait volontiers où ils sont.

De par son nom Wabi avait choisi un faucon blanc. Sa femme et son fils avaient arraché une petite plume de ses ailes et, changés en oiseaux, ils descendirent à tire-d'aile sur terre. Et en souvenir du traité du ciel avec la terre, encore de nos jours, les faucons peuvent s'élever plus haut dans les airs que les autres oiseaux. Et dans le pays des grands lacs, Wabi et sa femme céleste sont devenus les aïeux des Faucons Blancs, ces chasseurs courageux, qui vous ont gardé, dans leurs wigwams, cette légende.

Comment les Indiens Warrau découvrirent notre monde

Les Indiens Warrau n'habitèrent pas toujours les mêmes terres qu'aujourd'hui. Leur ancien pays se trouvait au-dessus des nuages blancs, et plus haut encore, dans le monde bleu du ciel. Même les plus âgés d'entre les vieillards de la tribu ne peuvent plus dire comment était ce pays. Est-ce que les fleurs y fleurissaient? Est-ce que les arbres y poussaient? Est-ce que les rivières y coulaient? Qui sait! cependant, une chose reste sûre: à l'époque où les Warrau habitaient ce monde, là-haut, il n'y avait pas encore de bêtes à quatre pattes. Les Indiens n'y chassaient que des oiseaux. Et ce fut justement à l'occasion d'une de ces chasses d'oiseaux qu'un Indien découvrit notre monde d'en bas.

Ce garçon s'appelait Okonorote. Il était si leste, si vigoureux, et il tirait si bien à l'arc, que tout le monde voyait en lui un futur chef de tribu. Mais un jour, alors qu'il était à la chasse, sa chance le quitta. Il tira sur un oiseau, mais la flèche manqua son but, et alla s'abattre au loin, quelque part, hors de portée de sa vue. Okonorote avait beau fouiller et chercher dans tous les coins, il n'arrivait toujours pas à la retrouver. Mais, à la place de sa flèche, il découvrit soudain une fosse profonde, et lorsqu'il se pencha au-dessus d'elle, il resta figé d'étonnement. Cette fosse était sans fond! La flèche avait percé un trou s'ouvrant sur un autre monde, où verdoyaient des forêts sans fin, dans lesquelles couraient çà et là de drôles d'animaux sans ailes. Là où il n'y avait pas de forêt, de hauts pics montagneux se dressaient vers le ciel, et à leurs pieds, des rivières à l'eau cristalline, remplies de poissons, serpentaient au fond des vallées. Okonorote ne savait quel nom donner à ces phénomènes, car il les voyait tous pour la première fois. Mais c'était si beau à voir qu'il resta des heures et des heures penché au-dessus du trou, avant de se lever pour aller raconter à toute sa tribu sa découverte.

— Outre les oiseaux, il y a là-bas des troupeaux d'énormes animaux, qui donneraient sûrement à un chasseur beaucoup de viande! raconta-t-il tout agité. Même l'eau y est pleine d'êtres vivants.

Les Indiens accoururent vers le trou s'ouvrant sur ce mystérieux monde d'en bas, tout en se bousculant, pour avoir le privilège de voir avant les autres ce miracle.

— Puisque Okonorote a découvert ce monde d'en bas, il faut l'envoyer en bas en éclaireur! décidèrent-ils à l'unanimité.

Et ils se mirent à tresser une longue corde de coton, avec laquelle le garçon devait descendre dans le monde d'en bas.

Leur travail dura un mois, puis un autre, puis un troisième encore. Quand le courageux Okonorote se laissa enfin glisser par la corde, en fin de course, il resta encore suspendu dans les airs, très haut au-dessus de la terre: la corde était

trop courte. Toute la tribu se mit donc à nouveau à l'ouvrage et tressa une deuxième corde, pour en rallonger la première.

Okonorote se laissait glisser sur la corde en coton, telle une araignée qui s'était mise en tête de réussir à relier avec son fil les deux mondes. Le vent secouait la corde, des nuages la heurtaient, et la pluie la trempait complètement. Quand les pieds du courageux jeune homme touchèrent enfin la terre ferme, il était à bout de forces. Mais en dépit de sa grande fatigue, il ne savait pas où poser d'abord son regard. Les feuilles sur les arbres avaient les formes les plus diverses, et de drôles de petites mouches dorées aux ailes transparentes volaient dans l'air, en se posant de temps à autre, sur les fleurs. Au pied des arbres, des bêtes minuscules étaient en train de construire leurs habitations, et des milliers d'autres venaient les rejoindre sur de petits monticules déjà noirs et grouillants de cette gent bizarre. Le garçon n'apprit que bien plus tard que les petites mouches dorées étaient des abeilles, et qu'au pied des arbres, il avait rencontré la tribu des fourmis appliquées.

Mais le garçon fit encore une découverte bien plus importante: les animaux se livraient à des luttes acharnées, et les faibles devenaient la nourriture des plus forts. Okonorote décida de combattre à son tour un animal, pour pouvoir goûter à sa chair. Dans la clairière venait juste d'apparaître une biche. Okonorote la tua avec sa flèche, et après l'avoir dépouillée, il fit rôtir la viande sur le feu.

Le goût de ce rôti juteux était bien meilleur que la plus appréciée des chairs d'oiseaux, qu'il avait l'habitude de manger chez lui.

Le garçon ne pouvait désormais plus tenir en place. Il se voyait déjà là-haut, auprès de ses compagnons, en train de leur montrer sa prise, et de leur parler du monde ainsi découvert.

Le chemin du retour était encore plus pénible, et quand Okonorote passa par l'ouverture, il faillit s'évanouir. Mais toute la tribu l'attendait, impatiente d'apprendre les nouvelles de ce mystérieux monde d'en bas. Le pauvre garçon éreinté fut obligé de répéter encore chaque détail. Et quand les gens eurent goûté au rôti de biche, l'avenir de la tribu fut désormais décidé: les Warrau allaient déménager dans le monde d'en bas.

A cette époque-là, tous les Warrau étaient encore bien jeunes, et leur tribu ne comptait que des hommes vigoureux, leurs jeunes épouses avec des petits enfants. Les hommes attachèrent sur le dos des femmes des hottes contenant les enfants et tous leurs biens, et ils se laissèrent glisser par la corde dans l'inconnu.

— Soyeux heureux, petits oiseaux, nous partons dans les terrains de chasse où la nourriture est plus abondante! criaient les Indiens.

Ils jetèrent un dernier coup d'œil sur leur pays, où tous étaient nés, et où chacun d'eux ne pourrait plus retourner.

Ce fut ainsi que les Indiens arrivèrent sur notre terre. Cependant, un accident arriva à l'une des femmes. Comme elle était grosse et malhabile, elle ne s'était pas pressée outre mesure, et elle fut la dernière à partir. Lorsque, à son tour, elle se saisit enfin de la corde, et qu'elle tenta de passer par le trou, elle s'y coinça tant et si bien qu'elle ne put ni remonter ni descendre.

De la terre, en bas, toute la tribu observa avec une attention soutenue pour voir comment la grosse femme allait se tirer de ce mauvais pas. Mais, comme toutes ses tentatives pour se dégager furent vaines, son mari se mit à grimper à la corde, afin de l'aider. Malheureusement, il n'y réussit pas, et fut obligé de descendre sur terre.

— Voyez-les, ces fameux héros! dirent les autres femmes solidaires de leur compagne. Voilà quels hommes braves nous avons choisis pour maris! Puisqu'ils sont incapables de la libérer, nous demandons que l'intrépide Okonorote grimpe là-haut, pour la ramener. Il peut éventuellement prendre deux hommes avec lui pour l'aider!

A ce moment-là, le chef se mêla à la querelle:

— J'en ai décidé autrement, déclara-t-il. Les deux hommes qui monteraient avec Okonorote ne lui seraient d'aucune utilité, et de surcroît, la femme pourrait les faire tomber tous les trois à terre, et nous serions alors privés de nos meilleurs chasseurs et guerriers. D'ailleurs, elle n'avait qu'à manger moins et éviter de grossir de la sorte!

Mais les femmes continuaient à protester, jusqu'au moment où leur querelle fut tranchée pour de bon par le vent et par la pluie. La pluie avait complètement mouillé la corde et une forte rafale de vent la coupa en deux, et la fit tomber à terre.

Si un jour, vous voyez un Indien de la tribu Warrau tourner sa tête vers le ciel, vous pouvez être sûr qu'il se demande tout doucement:

— Comment peut-il bien être ce monde là-haut? Est-ce que les arbres y poussent, comme ici? Est-ce qu'il y a des rivières? Et les oiseaux y volent-ils aussi? Oh! je voudrais tellement savoir comment il est ce monde là-haut!

Mais, c'est en vain qu'il lève la tête, personne ne donnera de réponse à sa question. La grosse femme continue à boucher l'accès au monde d'en haut, et pour les punir, elle ne permettra jamais aux Warrau de pouvoir venir admirer de leurs propres yeux les beautés de leur ancienne patrie.

Le secret des fleurs

Bien des saisons de pluie avaient passées depuis ces temps-là, bien des fois était tombée en poussière l'herbe des savanes. Le vent brûlant avait déjà emporté un grand nombre d'années. Nul ne pourrait les conter, car personne ne peut se rappeler. A cette époque-là, les gens vivaient heureux. Ils s'aidaient mutuellement dans leur lutte contre les serpents, ensemble, ils chassaient les kangourous, cueillaient les bananes, déterraient les douces patates et les yams. Personne ne souffrait de faim, personne ne volait à son voisin sa femme, sa hache ou sa massue. Pendant des jours et des jours, les gens, tout en chantant, dansaient le korobori au rythme du claquement de deux morceaux de bois qui résonnait à travers tout le village. Il faisait si beau sur terre que le dieu Piame, en personne, y vivait.

Mais il n'en fut pas ainsi pour toujours. Les gens commencèrent à ne s'occuper que d'eux-mêmes. Celui qui avait deux lances traitait de haut celui qui n'en avait qu'une. Un autre arrivait à prendre à la chasse plus de gibier que ce qu'il lui fallait pour se nourrir, mais jamais il n'en donnait ni ne prêtait un seul morceau à quelque nécessiteux. Le dieu Piame, ne pouvant plus supporter ce spectacle, quitta les gens, lesquels, en proie à la haine, commencèrent à s'entre-tuer.

Piame monta sur la montagne Oobi, et dès lors la terre devint désolée. Tous les oiseaux vinrent bientôt rejoindre le dieu au sommet d'Oobi, aussi, le silence se fit soudain sur toute la nature aux environs de la montagne, comme sur la forêt qui va être abattue. Puis, les fourmis et les coléoptères, qui auparavant égayaient l'herbe verte, prirent à leur tour le chemin de la montagne Oobi. Mais quel triste spectacle, lorsque tout ce qui était en fleur fut parti! En une seule nuit, toutes les fleurs des prés et celles des arbres avaient disparu et, de chagrin, les feuilles des buissons et des arbres se mirent aussitôt à périr et l'herbe dans les prairies à jaunir. Bref, tout le grand pays autour de la montagne Oobi se transforma en désert, à l'image des âmes des hommes qui l'habitaient.

Là où il n'y a plus de fleurs, il ne peut pas y avoir, non plus, de petits essaims d'abeilles travailleuses. Lorsque leur bourdonnement ne se fit plus entendre, les femmes effrayées prirent leurs paniers à miel et allèrent voir ce qu'il était arrivé aux abeilles. Mais leurs ruches étaient vides. Ainsi les enfants étaient dorénavant privés de leur gourmandise préférée.

Tout comme un petit oasis, au bon milieu de ce pays désolé, verdoyaient trois arbres, dont les branches ployaient sous le poids d'innombrables fruits d'or, et où les abeilles, qui avaient construit leurs nids dans leur feuillage, venaient butiner. Piame avait laissé ces arbres pour soumettre les hommes à une grande épreuve.

Les femmes ne pouvaient plus entendre les pleurs de leurs enfants qui regrettaient le miel. Elles répétaient à leurs maris:

— Les fruits d'or sur ces trois arbres du dieu Piame pourrissent, car il n'y a personne pour les cueillir. Les abeilles y ont tellement de miel qu'il y en aurait suffisamment pour régaler tous nos enfants. A quoi bon avoir ces arbres s'ils ne peuvent pas nous être utiles?

Mais les hommes avaient déjà compris pourquoi Piame les avait quittés et pourquoi tout le pays était devenu si laid.

— Nous avons si peu respecté tout ce qui nous entourait que Piame nous a infligé une juste punition, et à présent, nous ne pouvons même plus réjouir nos cœurs de la couleur des fleurs. Ne touchez pas à ces trois arbres, femmes! Le dieu a gravé dans leur écorce des signes secrets et il reconnaîtrait immédiatement le vol!

Piame contemplait la terre du haut de la montagne Oobi et il avait entendu l'avertissement des hommes. Leur humilité et leur obéissance l'avait touché.

«Nous verrons», se dit-il, «s'ils ne s'enorgueillissent pas à nouveau, je donnerai à leurs enfants une compensation qui remplacera le miel!»

Il souleva les bras et, en bas, de la terre lézardée se mirent aussitôt à pousser des germes de plantes inconnues. Bientôt celles-ci se transformèrent en buissons, puis en arbres. Ces arbres étaient si gigantesques que les gens assemblés à leur pied, étonnés à la vue d'un tel miracle, paraissaient à côté d'eux aussi petits que des fourmis. C'était les eucalyptus. De leurs troncs puissants jaillissait un jus qui se solidifiait aussitôt. Dans les branches, parmi les feuilles, brillaient des boules blanches, aussi douces que le miel. Dès que les mères eurent cueilli pour leurs enfants la nouvelle friandise, leurs pleurs cessèrent.

Les hommes comprirent qui leur avait fait ce cadeau. Silencieux, ils rendirent hommage au dieu Piame, cependant, cette fois-ci leur bonheur n'était pas parfait. Les feuilles des eucalyptus se dressaient, droites vers le ciel de sorte que les rayons de soleil traversaient librement les couronnes de ces grands arbres qui n'offraient guère d'ombre. La terre au-dessous d'eux continuait à souffrir de soif, elle était toute grise et gercée. C'était vraiment un triste spectacle.

C'est alors que tous les sorciers de toutes les tribus habitant la région avoisinant la montagne Oobi se rassemblèrent pour tenir un conseil secret.

— Nous savons bien ce qu'il nous manque, se dirent-ils. Avec admiration, nous levons la tête vers les gigantesques eucalyptus, mais d'un autre côté, nous n'avons rien sur quoi pencher nos têtes pour aspirer une bouffée de parfum. Nos cœurs ne connaissent plus la joie que faisaient naître les belles fleurs dont jadis notre pays foisonnait. Ce sont les fleurs qui nous manquent. Allons voir le dieu Piame! Qui sait, comme il a déjà donné le grand arbre à miel à nos enfants, il nous aidera peut-être une seconde fois.

Les sorciers déposèrent leurs lances, lavèrent les couleurs de leurs joues et mains nues, et ils se mirent en route. Le but de leur voyage était la montagne Oobi, qui, au loin, se dressait à pic vers le ciel au milieu de la plaine et son sommet se perdait dans les nuages.

Personne ne comptait plus les jours qu'ils avaient passé sur la route de leur pèlerinage. D'énormes barbes avaient poussé sur le visage des sorciers et leurs cheveux tombaient déjà jusqu'à leurs épaules. La peau de leurs corps était brûlée et crevassée par l'impitoyable chaleur du soleil de plomb et, à force de marcher sans trêve ni repos, leurs pieds étaient meurtris jusqu'au sang. Ils avaient le ventre tenaillé par la faim et leurs lèvres se déformaient de soif. Ils marchèrent, la tête penchée vers le sol roussi et calciné, ne comptant ni pas, ni journées.

C'est alors qu'un jour, le guide de ce long cortège se heurta à un roc, qu'il lui fut impossible de franchir. Il leva donc la tête, et stupéfait, il tomba à genoux. Les autres l'imitèrent aussitôt, en se jettant à terre. Au-dessus des têtes des sorciers se dressait une paroi de rocher escarpé, lisse comme un os; les rayons du soleil s'y réfléchissaient d'un si grand éclat qu'ils devaient cligner les yeux.

— Le dieu Piame nous a bien guidé, dit le chef. Nous nous trouvons au pied de sa Montagne. Grimpons-y, à présent!

Mais comment! Sur le rocher pas la moindre trace d'une petite fente, d'une petite bosse auxquelles les mains et les pieds pourraient s'agripper. Nulle part ne poussait une petite touffe d'herbe ou un minuscule buisson. Sans dire un mot, les sorciers se mirent à faire le tour de la montagne, afin de découvrir un accès vers son sommet. Et en effet, au bout de quelques jours de recherche, le chef poussa un cri de joie, car dans le roc, il venait de découvrir une cavité, qui ressemblait à une marche. Au-dessus d'elle, d'autres et d'autres cavités semblables à la première serpentaient dans la paroi rocheuse, pour se perdre quelque part dans les hauteurs, hors de la portée de leur vue. C'était sûrement la voie qu'avait empruntée le grand Piame, lorsque, déçu, il avait quitté l'espèce humaine.

La joie de la découverte du chemin redonna des forces aux hommes affaiblis par le long pèlerinage, et, sans tergiverser, ils commencèrent l'escalade. Mais, alors que le soleil s'inclinait déjà vers la ligne d'horizon, le sommet de la montagne Oobi se dressait au-dessus des sorciers aussi haut que le matin, quand ils avaient entamé la montée. Seuls des aigles planaient dans les profonds précipices qui s'ouvraient à leurs pieds, et la terre se perdait dans un voile de brume.

Après quelques jours, les sorciers réussirent à sortir de l'amas de gros nuages et au-dessus de leurs têtes ne se dressa plus que le faîte même de la Montagne. Tout étonnés, ils firent halte près d'une source d'eau limpide, qui jaillissait là, au milieu des rochers dénudés, sans couler vers le bas. L'un après l'autre, ils burent quelques gorgées de cette eau cristalline et aussitôt ils recouvrirent toute leur ancienne force, comme s'ils ne venaient pas d'effectuer cet exténuant voyage. Cette eau, c'était encore un cadeau du dieu Piame.

Mais les sorciers ne s'attardèrent pas longtemps près de la source. Non loin de cet endroit, s'étendait un grand cercle, bordé de grosses pierres qu'un homme n'aurait pu soulever. Les sorciers entrèrent dans le cercle, mais alors une voix puissante se mit à tonner au-dessus d'eux:

— Pourquoi êtes-vous entrés dans la paume de ma main, hommes? Je vous ai donné le plus grand arbre que le monde connaisse et vous en voudriez encore davantage?

Les sorciers s'étaient jeté à plat ventre sur la pierre. Seul leur chef se redressa et s'écria si fort que le son de sa voix se propagea en écho multiple sur les parois des rochers:

— Nous te sommes infiniment reconnaissants pour ton cadeau, Piame. Les regards de nos femmes caressent l'arbre dont les fruits avaient remplacé le miel des enfants. Mais les yeux des hommes désirent aussi avoir quelque chose qu'ils pourraient effleurer sans crainte d'être anéantis par une force mystérieuse. Tu nous as donné les eucalyptus géants; nous t'implorons de nous donner encore ce qui est le plus petit: rends-nous les fleurs!

— Les fleurs! gronda la voix dans les rochers. A quoi vous serviront-elles? Elles ne sont d'aucune utilité, elles n'ont pas de fruit. On ne peut pas les manger, non plus. Elles donnent une toute petite bouffée de parfum avec laquelle votre estomac ne se remplira pas pour autant.

— Nous ignorons, Piame, à quoi elles nous servent, répondit à nouveau celui qui se trouvait en tête des sorciers. Mais dès que les fleurs ont disparu, les danses, elles aussi, se sont immédiatement envolées et le chant s'est tu. Nous avons cessé de graver nos ornements dans la pierre et dans l'os, et quand nous nous retrouvons ensemble auprès du feu, personne n'a plus rien à raconter.

Un silence si profond se mit à régner pendant quelques longs instants, que les sorciers entendaient leur propre souffle. Puis, la voix du dieu retentit à nouveau:

— Les fleurs! Emportez-les donc avec vous!

— O Piame, nous savons bien que tu ne te moques pas de notre fatigue et de notre souffrance. Mais où veux-tu que nous cueillons des fleurs au milieu de ces rochers déserts?

Piame ne leur répondit pas. Mais dans le ciel, déjà parsemé des premières étoiles, un orifice lumineux s'était soudain ouvert, vers lequel pointait la cime de la Montagne, pareille à un doigt dressé. Les sorciers comprirent. Ils gravirent les dernières marches, se faufilèrent par l'ouverture et se retrouvèrent dans un vaste pré qui s'étendait à perte de vue et qui était jonché d'innombrables fleurs aux formes et aux couleurs merveilleuses. Et toutes, elles dégageaient de magnifiques parfums qui enivraient leurs sens.

Réfléchis, et avec beaucoup de respect, les sorciers se mirent à cueillir une fleur de chaque espèce. Leurs bras en étaient déjà tout chargés, mais ils en ajoutaient toujours d'autres et d'autres afin de ne pas priver le monde de la plus minuscule des modestes fleurettes. Ensuite, ils descendirent dans le cercle de pierre, où l'invisible Piame leur fit ses adieux:

— Je vous donne congé, hommes! Réfléchissez bien avant de parsemer la Terre des cadeaux de la prairie céleste. Éparpillez-les dans les plaines et aussi sur les coteaux des collines, répandez-les sur le sol et sur les arbres. Du haut de ma Montagne, je vais vous envoyer de temps à autre, Yarrageh Mayrah, le Vent de l'Est, afin qu'il rafraîchisse, après une saison de sécheresse, tout ce qui va pousser à nouveau chez vous. Les abeilles viendront bientôt retrouver les fleurs. Laissez-les d'abord tranquilles pour qu'elles puissent butiner du pollen pour elles-mêmes et contentez-vous pour l'instant des douces boules d'eucalyptus. Les abeilles vous en récompenseront et produiront bientôt du miel pour vous. Maintenant, allez-vous-en et réjouissez-vous donc de vos fleurs. Réjouissez-vous de ces minuscules bouffées de parfum, sans lesquelles il n'y aurait sur terre ni

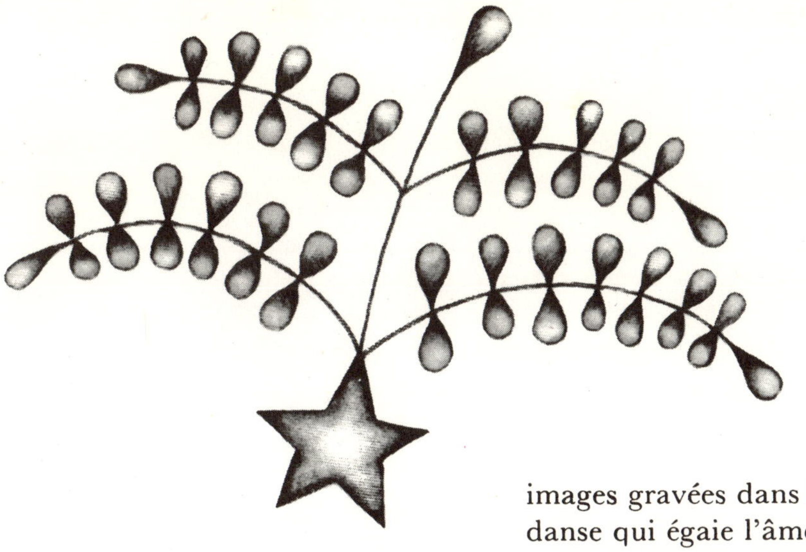

images gravées dans la pierre, ni une parole aimable, ni une danse qui égaie l'âme...

Un soupir flotta dans l'air, comme le vent qui fait frissonner les feuilles dans les arbres. C'était le dieu Piame qui se retirait dans les lointaines hauteurs inconnues. Réjouis et la paix dans l'âme, les sorciers quittèrent le cercle et descendirent la montagne Oobi. Partout où ils passaient, les gens s'émerveillaient à la vue des fleurs magnifiques, dont ils avaient tous oublié l'existence. Ces fleurs, avec leurs pétales disposés en étoile, ressemblaient étrangement aux astres célestes.

De temps à autre, les sorciers s'arrêtaient dans leur marche et répandaient les fleurs sur le sol. La Terre s'en égaya aussitôt. Elle se sentit réconfortée et fraîche comme les sorciers, lorsque, après leur fatiguant pèlerinage, ils étaient rafraîchis avec l'eau miraculeuse de la source sur la montagne Oobi. La Terre se para tout de suite de belles couleurs, tout comme les gens avant une danse solennelle. L'endroit, où les cadeaux du dieu Piame s'enracinèrent en premier, est appelé jusqu'à nos jours Chiraween, le Pré aux fleurs.

Et déjà, Yarrageh Mayrah, le Vent de l'Est, apparut, pour caresser de son souffle la beauté de la Terre. Dans les airs, le bourdonnement des abeilles se fit à nouveau entendre, à nouveau les chants mélodieux des oiseaux retentirent. Les gens commencèrent aussitôt à s'inspirer de leur chant, et, de concert, ils se mirent à chanter les louanges du dieu Piame, qui leur fit don des fleurs. Même la fougueuse danse korobori ressuscita comme à l'époque où le dieu Piame dansait avec les gens sur la Terre.

Haut, bien haut continue à se dresser la montagne Oobi, mais à son pied ne s'étend plus un triste désert. Le claquement de deux morceaux de bois marque, comme jadis, le rythme aux danseurs à la peau hâlée, dont les pas s'étouffent dans l'herbe soyeuse et embaumante, parsemée de fleurs, comme le ciel est saupoudré d'étoiles.